アジア・子どもの本紀行

山花郁子
Yamahana
Ikuko

めこん

アジア・子どもの本紀行＊もくじ

第1章 ベトナム・カンボジア紀行

第2章 図書館員の血がさわぐ

第3章 アジアの子どもの心をつなぐ読書活動

第1章

ベトナム・カンボジア紀行

一八歳と二人で

「ボランティア活動だから、助けてくれなくていい」という孫娘、新菜の一言で私のアンコールワットの旅が実現した。

高校生最後の春休みを利用して、フィリピンの養護施設で二〇日間の奉仕活動を実践することになった新菜。そんな心意気が嬉しくて、旅費の手伝いを申し入れたのだが断られた次第。その健気な精神に共鳴して思い浮かんだのが、新菜との二人旅である。行先は私の希望で、図書館員時代から憧れていたアンコールワットに決めた。

二人の子どもと三人の独立生活をスタートさせた三〇代の新米図書館員時代。振り返れば無我夢中で、随分たくさんの人たちに支えられての図書館活動であった。

一九九六年に開館した調布市立図書館は、当初から市内全域に分館を網羅するという構想で、全国に先駆ける活動を開始。特に児童室の充実を第一に、地域の読書啓蒙活動に力を尽くした。

自由に独創的な手腕が発揮できた児童室の仕事は、日々ほんとうに嬉しく楽しい私の仕事場であった。

作家・評論家を招いての講演会の開催。読書サークル育成を目指す座談会等の企画等、すべてが私自身の学習を深める有難いライフワークとなった。

そんなある日、東京都の図書館カー「青い空号」が調布にやってきた。早速、当時建築されたばかりの「神代・染地」両団地周辺を中心に活動を開始。当時児童文学作家として活躍中の北川幸比古先生の応援を得て私がマイクを握ることになった。

「たくさんの本を積んだ『青い空号』がみなさまのところにやってきました。どうぞご自由にご覧ください。貸し出しの手続きもいたします」

いまでも、張り切って声を上げる若き日の図書館員の姿が目に浮かぶ。

シャツの胸元に組紐で吊るした北川先生のペンダントが当時はまだ目新しく、いかにも自由人といった感じが懐かしく蘇る。そしてその北川先生に誘われたのが「アンコールワット」の旅だった。

「山花さん、アンコールワットに行かない？　旅費は本一冊書けばなんとかなる」

まことに屈託ないお言葉であった。

「とんでもありません。そんなお休み取れませんし、第一、子どもを置いて一人で外国に行くなんて無理ですよ」

と答えた私だが、以来一度はアンコールワットに行ってみたいと思い続けてきたのだった。

北川先生にはその後もほんとうにいろいろお世話になった。初めて出版した創作『わかれ道おもいで道』の出版記念会の音頭をとって一切仕切ってくださったのも先生。『子どもに戦争をつたえる』というテレビ・ドキュメント番組に出演のチャンスも作っていただいた。「今月の児童文学の特集にあなたの作品がとりあげられているから見てごらん。すごいじゃない！」

電話を通しての励ましも嬉しかった。振り返れば数々のご恩をいただいた北川先生である。しかし七年前、七四歳のクリスマスの日に先立たれてしまわれた。私よりたった一つだけ年上という年齢で。

早く死んでも一生　長生きしても一生であるが
終わるまでの　ある時　ふと振り返る
してきたこと　しなかったことのかずかず
　そして
まだまだこれからと　山々の上か
沖の上の空を望むような目になる
絵は見た人の中に　言葉は聞いた人の中に行く

その先を知らず　　北川幸比古詩集『桜色の歌』より

北川先生の最後の言葉を胸に、そしてこれまでの歳月の中で生まれた私の言葉を心に重ねて、私はとうとうアンコールワットの旅に出る。

八〇歳人生の新しい旅のはじまりだ。

さあ出発！　二〇一二年三月一八日（日）

成田空港第一旅客ターミナルビル４F（ベトナム航空チェックインカウンター）にて渡航手続き。税関通過後出発までの約一時間、新菜とのんびり免税店をぶらつくことにする。ここで重大な忘れ物に気付く。なんと、旅に欠かせぬカメラを忘れてきているではないか！この日のために充電もバッチリ、点検済みであったというのに。気付いただけましと慰めたが、最初の買い物が忘れたカメラの補充とは情けない。しかし付属の充電器も購入したことが後に幸いした（一回の充電では到底間に合わないことに気付いたから）。

定刻一〇時出発。時計の針を二時間巻き戻して現地時間に合わせてリラックス。はじめて孫との二人旅がなんだか嬉しい。第一、家事も仕事もなんにもしなくていいし、スケジュールも旅行者任せで心配ご無用。

一眠りすれば目的地ハノイに到着する。


ハノイ空港、三月一八日一四時二五分着。到着機が重なり、税関チェックに長い列。その上トランク受け取りが最終になり、長時間待たされるはめになる。しかしロビーで待ち受けてくれていた現地添乗員が目ざとく私たちを手招いてくれたので一安心。「トイレは大丈夫ですか？」という最初の気遣いも嬉しかった。一人旅という三〇代ぐらいの女性と三人で送迎バスに乗る。

バスが走り出すや早速添乗員の自己紹介。

「運転手はドンさんですが、ドンさんという名前は日本の田中さんとか鈴木さんのようにベトナムではたくさんあります。でも私の名前はベトナム中探しても他にはない名前です。アルファベットのA一文字です。アーさんと呼んでください」

丁寧な自己紹介が、最後のアーさんで少々ずっこけた。なんだかバーのお馴染みさんみたいでおかしかったが、すぐに親しみがわく呼び名ではある。四年程日本語を学んだだけというが、アーさんの日本語はアクセントも上々。顔立ちもこのまま日本人で通用する。私も昔（一九七一年）ソビエトでベトナム人かと聞かれたことを思い出したりした。

曇り空のせいだろうか、日本からの服装のままで丁度いい。一月から三月まではいつも肌寒い感じだという。ハノイの四季は、雨季・乾季により気温は異なるが、夏暑く冬寒いという点では日本と同じ感覚のようで、七・八月は非常に暑く一〇月・一一月は爽やかで過ごしやすいという。車中から眺める風景は、フランス統治時代の名残かコロニアル様式の建築が異国情緒を漂わせる。植民地時代の苦難の歴史を経て生まれた文化が、街の外観を落ち着いた雰囲気で包んでいるかのようだ。

しばらくしてホテルが異なる女性が途中下車。私たちは二日間宿泊する「ＡＳＩＡ　ＨＯＴＥＬ」に。以後アーさんは二人専属の通訳を務めてくれたので、まことに贅沢な気分であった。

ホテル到着。早速チェックインして鍵を預かるや、素早く制服のポーターが二人分のトランクをエレベーターに乗せてくれる。実はこのときチップのことは念頭になく、アーさんに促されて大慌て。相場がわからず換金したばかりのベトナム紙幣の中から選んでもらうことにした。五〇〇〇、五〇〇〇〇と聞こえたようだが、チップの相場がわからない。なにしろ一万ＶＮＤ（ドン）が日本円の四〇〇円というのであるから数字の格差が大きすぎる。ベッドメイクも含めて、いつもあわてて紙幣を探るはめになり、チップは最後までややこしくいい加減になった。ホテルはなかなか立派な構えで満足できた。螺鈿を施した扉のつくり等、ベトナムの雰囲気漂う部屋は何より清潔感が好ましかった。

　さてこれから早速市内観光である。着替えもせずバッグ一つの軽装で、アーさんが待機するロビーに急ぐ。

夕暮れの市内観光

「一柱寺」。

一〇四九年、李王朝時代に建立されたというが、静かな夕暮れの庭園に足を踏み入れるや、石柱にどっしり支えられて仏堂が載っている姿に目を奪われる。

　石柱に組み込まれ八方に広がる柱は、仏教で清らかさの象徴とされる蓮の花が泥水の中から咲き出した様子を表したものという。

▲最初に訪れた一柱寺。

リ・タイ・トー王が、蓮の花の上に子どもを抱いた観音菩薩を夢に見て、間もなく子どもが授かったという由来から子宝祈願のお寺としても名高い。ベトナムで最も訪れる人が多いお寺である。

予定の「文廟《ぶんびょう》」見学は閉館間際で、急遽翌日の日程に組み込んでもらうことになった。

夕闇せまる道を急ぎホー・チ・ミン(一八九〇〜一九六九)を安置する「ホーチミン廟」広場に向かう。

この廟はベトナム戦争終結後の一九七五年九月二日の建国記念日に建設された。時間の関係で入館はかなわなかったが、廟の広場で敬意を表し頭を下げた。生涯をベトナムの民族解放と独立に捧げた歴史上の人物に、生涯労働運動一筋の政治活動を続けた私の父とダブらせ、革命歌「インターナショナル」が胸をよぎったりした。

夜のプログラムは、一〇〇〇年続く庶民の伝統芸能「水上人形劇」鑑賞である。開演前の時間を利用して、劇場近くにある「シルクの店」に案内してもらうことになった。アオザイに興味がある私たちは喜んだが、どうやら高級シルク店らしく、見学だけというのはためらわれる雰囲気。そこで、実はアオザイというベトナム女性の民族衣装を着用して、記念写真を撮ってくれる所に連れて行ってもらいたかったのだと説明すると、さすがはベテラン通訳アーさん。顔馴染みらしい女主人に交渉して、新菜の気に入ったアオザイを選んでの記念撮影オーケーとなった。

オレンジの透かし模様が上品なアオザイを選んで微笑む新菜の姿を、アーさんが素早くポーズをつけてカメラに収めてくれたので、初日からいい記念写真ができた。さすがに何も買わずに失礼するわけにはいかない。少々値がはるが、黒地にベトナム乙女の姿を刺繡した小袋を二つ購入し、丁重に礼を述べて店を後にした。

ハノイ伝統芸能、水上人形劇

昔は村の養魚地で演じられたというが、伝統打楽器のリズムに合わせて踊る人形の動きがコミカルで面白い。薄暗い舞台の水面に浮かべた提灯の明かりが人形を照らし出す。人形を操る人は腰まで水につかり長い竹竿を使って人

▲ 夕暮れの「ホーチミン廟」広場で。

形を動かすのだから大変である。それこそ水中から浮き出てきたような不鮮明なプログラムの文字を追うと、「水上人形劇」は、ホン川北部の収穫祭や儀式の際に行われたのが始まりらしい。

「祭り太鼓」「竜の踊り」「闘牛」等、演目はどれも農民の日常生活を中心に、竜や獅子が登場する伝説が主題になっている。客席から仕掛けは覗けないが、まるで人形自身が自在に動いているようだ。農民の稲作労働の姿や村の神様を祀る行事が舞台を彩るが、水牛が激しく争い合う「闘牛」の場面はなかなかの迫力。水牛は「ベトナム第一の資産」と言われ、農民と共に野良仕事に精を出す勤勉な動物であるが、時として仲間同士の激しい争いになるという。伝説の「魚が竜と化す」という舞踊は、ハノイの歴史を物語るものである。

一〇〇〇年前、リ・タイ・トー王は現在のハノイの地で黄金色の竜が雲に乗って空高く舞い上がる光景を夢に見た。王はこの地こそ神聖なりと悟り、「タン・ロン」（タンは飛び上がる、ロンは竜）即ち「昇竜」と名付けて遷都したという。

一〇世紀から一八世紀まで首都はタン・ロンであったが、一〇一〇年一〇月一〇日、ハノイに都を移した。二〇一〇年一〇月一〇日、ハノイで盛大に遷都一〇〇〇年記念行事を執り行ったと聞き、たった一年五ヵ月前の行事だったのか……と、感無量になる。

舞台を楽しんだ後は「水上人形劇ツアー」にセットされたディナータイムだ。近くのレストランに専用の席が用意されていると聞き、贅沢な気分になる。

海老と豚肉が透けて見える生春巻などを中心に、前菜プレートのハーブを聞かせた野菜類も新鮮。ベトナムの名物料理フォーは、スープに米粉の麺と香辛料が溶け合って、さっぱりとした味付けである。アーさんは別料金の飲み物の注文を聞いてから、一つ一つメニューにある料理を紹介し、「どうぞごゆっくり」と別室に退場。二人専用の通訳として至れり尽くせりの応対ぶりであった。

夕暮れの街並みを歩き、たっぷり楽しめたベトナム初日の第一印象はまことに良い。終幕はアーさんお薦めのボディケア・マッサージを初体験。心身共にリラックスしてホテルに戻る。旅の疲れもなんのその、ベトナム初日の充実し

▲最後をかざる「タン・ロン」。演者も姿をあらわしてごあいさつ。

たプログラムにすっかり満足して、二人ともぐっすりアジアホテルのベッドで安眠した。

陶磁器村バッチャン観光　三月一九日（月）

朝食後、ホテル同宿者で小グループを組み、ハノイ中心部から約一〇キロに位置するバッチャン村に向かう。ホン川を渡り車で三〇分、細い路地裏に入ると素朴な陶器の村の風景が広がる。

ベトナムナンバーワンのお土産は「バッチャン焼き」というだけあって、通りから直売店がぎっしり立ち並んでいる。アーさんによれば、食器を中心の日用品が多いが、現地の人は一年毎に新しい食器に替えるそうだ。興味深いのは、たとえ原型をとどめて使用可能のものであっても、必ず割り捨てて新しいものに替えるのだということ。随分無駄なことをするものだが、そうしないと購買力低下につながり村の経済流通が滞るという。それが村の伝統であり習慣であるというが、なんだかおかしな理屈である。なるほどそういえばあちこち店の片隅に、乱雑に山積みされた陶器類が崩壊寸前の運命にある。しかし古いからこその味わいもあろうし、いかようにも使い道がありそうで残念だ。中から選んで頂戴したいくらいだが、村の伝統儀式を事前学習しているので、手を出すわけにはいかない。

片隅に追いやられた陶器の表情がうらめしげに見えるというのに。

　案内された店で小皿・薬味入れの小物を求めたが、これとて店員が付き切りで説明してくれる親切？に報いぬわけにいかなくなったからである。ま、少々のお付き合いをしなければという思いの買い物だ。ただし壊れぬよう無事持っていけるか心配すると、店員さんはにっこり笑って「藁細工の袋にきっちり入れるから絶対大丈夫」と太鼓判を押す。なるほど慣れた手つきで器用に荷造りしてくれたが、民芸調の手作りの藁籠がなかなかいい。褒めると早速もう一つ籠を追加サービスしてくれたので、得したような気分であった。

　さて、それぞれ土産品を手にして車に戻ると、待ちかねたような表情で、アーさんがジョークを飛ばす。

「おばあちゃんだからバッチャン村の名前は憶えやすいでしょう」

　新菜と一緒のときはおばあちゃんでいいが、いつもおばあちゃん呼ばわりにはいささか抵抗がある。しかし、上できの自分のジョークにすっかりご満悦のアーさんに付き合って一緒に笑ってあげた。

　続いての予定は「ベトナム観光のハイライト」と銘打った「ハロン湾クルーズ」である。ところがこの時期、天候によって船が出ないことが多いという。案の定、本日のハロン湾あたりは雨模様とのこと。しばらく様子見の構えだったアーさんだが、現地情報によりあきらめたほうがよいという結論に達した。そこでハノイに引き返し、明日の日程になっている見学を優先することになる。

今夜の宿泊は、ハロン湾沿いの「VAN HAI HOTEL」である。ハノイ、ハロン湾と二往復の時間的ロスがある上に、クルーズも明日の天候次第というから、ややあきらめムードで再びハノイに引き返す。ここでまた新菜と二人、専属通訳のアーさんの案内で、昨日時間切れで見学できなかった「文廟」から案内してもらう。

文廟

一〇七〇年、孔子を祀るために建立した別名「孔子廟」は、一〇七六年にベトナム初の大学として開校、約八〇〇年間多くの学生を輩出したという。出世頭はどんな人物だったのかと興味がわくが、入学はなかなか難関で、中央・左右それぞれの門をくぐることができるのは合格者だけだったという。地方から集まった優秀な人物も、試験に落ちてしまえばそれまでで、二度と門をくぐることはできないという厳しさである。

私たちはまず右側の門をくぐり庭園の中へ入る。

一九世紀に建てられた「奎文閣」には、亀の台座に石碑が置かれ、一四八四年から一七八

○年までに行われた科挙試験の合格者名が記されていた。現在も亀の台座に触って、学業成就を祈願する学生の姿がたくさん見られるとか。本殿に孔子の像が祀られており、いかにも学問聖地の雰囲気。ふと日本の学問の神・菅原道真を祀る「大宰府天満宮」の存在に重ねてみたりした。

アーさんに記念写真を撮ってもらっていると、通りがかりのフランス人のおじさんが、いきなりアーさんからカメラを取りあげ、三人一緒に並べとウインク。思いがけず通訳のアーさんとの記念写真ができたが、物好きの愉快なおじさんがいるものだとおかしかった。

帰りは屋根に鯉の飾りのある中央の門をくぐって外に出たが、ここで説明してくれたアーさんの民話風な語りが面白かった。

▲文廟。合格者の心情で、神妙に門をくぐってきた。

屋根の中央・左右にしつらえた鯉は見事に滝登りした合格者たちのシンボルである。国家公務員・学者・政治指導者としてエリートコースの道を歩む合格者たちは晴れがましいが、落伍者は惨めなものである。その譬えとなるのが海老やナマズであるという話だ。

海老は鯉の尾にしがみついて登ろうとしたが、何度試みても失敗を繰り返す。その度に地面に叩きつけられ、とうとう腰が曲がってしまった。それが今の海老の姿形なのだという。一方ナマズも何度も飛び上がっては落下し、とうとう頭が平らになってしまった。恥ずかしいのでいつも池や川で人の目につかないようにひっそり隠れて暮らしている。……と、まあこんな譬え話だが、出世頭の鯉が海老の家を訪問したというその後の話はなかなか味わい深い。

鯉が海老の家を訪問したとき、たまたま海老は留守であったから、以後両者の関係は断ち切られたままになったという。はたして、海老と出会っていれば鯉は海老を励まし援助したであろうか？　落伍者の海老に隠れた力があって成功者の危機を救うことになり、やがて二人の友情は固く結ばれ……などとお互いが満願成就の物語になるのも面白い。

図書館員の血がさわぐ。

そう、いつも通いなれている図書館の書庫の前で、早速私は資料を探すだろう。三八八で分類されている民話・昔話・伝説のコーナーに、きっと似たような話があるに違いないと思うから。ここ何年か韓国の民話絵本が数多く出版されており、子どもたちに紹介することが多かったが、これまでベトナム・カンボジアの民話に特別関心を向けることがなかった。ベトナムやカンボジアの子どもたちは、おじいちゃんやおばあちゃんから昔話を聞いているのだろうか。所属する「日本子どもの本研究会」に民話を研究するグループがあるから、早速連絡して、ベトナム・カンボジアの民話を語ったことがあるか聞いてみたい。そして、できれば私も早速覚えて語ってみたい。

観光バスにたむろして我先にと土産物を売りつける子どもたちの顔を思い浮かべて、私はもう語り手の表情になる。〝さあ、お話の時間のはじまりよ〟

シクロ乗車体験

思いがけずシクロ（三輪自転車タクシー）乗車体験のプログラムが組まれていた。アーさんがシクロの予約を取る待ち時間、道路にしゃがみ込んでいた短パン、ランニング姿のお兄さんが私たちに近寄ってきた。自前のオートバイを指さして、しきりに誘いかける。

オートバイ洪水の車道をシクロで走り抜けるだけでも怖いのに、八〇歳にオートバイに乗れとは何事か！　怖いもの知らずの威勢のいいお兄ちゃんの背中にしがみついての市内見物なんて、新菜だって真っ平の筈である。断ってもしつこく誘うので困っているところに、アーさんとシクロ二台が目の前に並んでくれた。

大通りから裏道をめぐるシクロ乗車体験は、街並みや人の動きを眺める視線の位置がまことに快適である。大通りのバイク軍団を巧みにかわして裏道に出るシクロ運転のおじさんたちの腕前もなかなか。しかし自分の足で漕ぐのだから重労働にちがいない。結構長時間ゆっくり楽しめたので、下車するときに運転者のおじさんたちにチップを渡すことにした。このときのチップも手持ちのお札をアーさんに選んでもらう始末。いつも後からチップのお札は別枠にしておけばよいのにと悔やむくせに、うまくいったためしがない。それでも、真っ黒に日焼けしたおじさんたちが白い歯を見せてにっこりしてくれたからよかった。

昼食は街のはずれにあるベトナム料理専門店だった。運ばれるどの料理も口に合うが、チャーハンの味がことにおいしかった。デザートは隣接する本日開店というアイスクリーム専門店から運んでくれた。白いクリームの上に螺旋状に盛り上げたイチゴピンクの飾りがとても可愛い。真似して同じものを注文し、にっこり笑うアーさんの表情も可愛かった。

お腹が一杯になったところで、再びハロン湾を目指すことになる。明日こそ晴れてくれぬと本日二往復の意味がない。とにかく直前の天候次第というまことに不安定なハロン湾観光であるから、ここは運を天に任すよりほかかない。

途中、土産品店に立ち寄り、少々の買い物を楽しんだ後で夕食。「海鮮鍋」が絶品というホテル近くにある専門店の二階席に案内される。野菜や魚貝類・海老・蟹などの皿を次々運んでくれた女性が、付き切りで調理までしてくれるサービスぶり。二人きりの食事で結構豪華な気分が盛り上がる。別料金の飲み物はいつもフレッシュジュースになるが、ここではワインなど注文してご機嫌な気分で味わった。

食後はアーさんのお勧めでホテル専属の美容室に直行し、再びのボディマッサージ。多分買い物店を含めて、添乗員の役得につながると思うが、ここは鷹揚に構えて日常かなわぬリラックスタイムを楽しむことにした。

宿泊したホテルの設備も上々で、いまのところすべて満足感が上回る。

▲ シクロに乗りました。

世界遺産「ハロン湾」観光　三月二〇日（火）

バイキング形式の朝食後、ホテル近くを散策する。その後すぐにトランクを車に乗せてもらい出発準備。昨日の同乗者と同じメンバーであるが、今日も船の出る場所まで行ってみなければ乗船の確約はできないという状況である。それほどこの時期のハロン湾めぐりは、運がつきもののようだ。しかし出発後、すぐに連絡のとれたアーさんの声が弾んだ。

「幸運です。大丈夫、晴れてきました」

「良かった！　ほら、向こうの空が明るい」と一同声を上げてほっと一安心。クルーズ船の船着き場はバッチャンではなくバイチャイである。やがて出航待ちのラウンジで小休止。この間ベトナムの世界遺産、ハロン湾のガイドブックに目を通してみる。

――波に浸食された岩峰が海面に突き出るハロン湾は、一九九四年に世界遺産に登録されたベトナムきっての景勝地。一五五三キロメートルという広い湾に一九六九もの石灰岩が浮かぶ。「空から舞い降りた竜が、敵の侵攻を防ぐため口から玉を噴出し、その玉が大小の岩に姿を変えた」という伝説がある。中国の桂林に似ているところから、海の桂林とも呼ばれている――

やがて私たちの乗る船が目の前に横たわり、少々心許ない足元ながら新菜に手を取ってもらって無事乗船。約三時間のクルーズ開始となる。付近に集う魚船の船首を派手に彩る竜の細工が目をひく。なにしろ竜が舞い降りた川なのであるから竜の飾りは欠かせまい。

デッキに出て、備え付けの長椅子にゆったりしての眺望はまことに良い。

若い女性グループがはしゃぎながら二人ペアになってマストの前に立つ。一人がスカーフを絡めた両手を大きく広げて見せると、もう一人は後ろから手を添えて立ちにっこり。そう、ジェームズ・キャメロン監督の映画「タイタニック」名場面の再現である。船首に立つ主人公たちを包む夕焼けのシーンは、胸躍るロマンチックな映像であった。アーさんが「男役がいま

▲ 波に浸食された岩峰が続く中、おだやかな時が流れるハロン湾風景。

せんね」と笑ったが、ペアを組んで代わる代わるポーズをとり、カメラに収まる溌剌とした姿がしっかり男役を決めている。

新菜はといえば、養殖業や観光客への魚介類、果物などの販売で生活している水上生活村の光景にくぎ付けである。群がる船の上で、働く人たちの様子を遠ざかるまで見つめ続ける新菜の姿に私は魅かれた。なぜか乙女の哀愁を感じて……。そういえば今回の旅で私は一八歳少女の行動に、度々胸を熱くするシーンがあった。

夕焼けの景色に視線をこらし、その移りゆくさまを最後まで見届けるように追っている姿。とりわけいつも幼い子どもたちの動きに関心があることも、私は嬉しかった。フィリピンの養護施設で世話した子どもたちが懐かしいのかもしれない。一緒に旅をしなければ知り得なかった新菜についての新しい発見だった。そんな時に私の胸に流れるメロディはピアノ曲「乙女の祈り」である。テクラ・バダジェフスカ一八歳のときの作曲ということも頭にあって心に響く。

海から盛り上がっているかに見える岩峰を眺めつつ船は進むが、大小の奇岩には無数の洞窟がある。中でも「ティエンクン」と呼ばれる洞窟には、巨大な鍾乳石が数えきれないほど林立している。鶏が向かい合っているように見える「闘鶏岩」。「ゴリラ」「犬」などそれぞれの特徴をとらえた岩石の銘々も面白いが、なんといってもこのツアーの見どころは途中下車して探検する鍾乳洞であるという。しかし足場の悪い船から岩地への乗り降りは、どうも高齢者には危険のようであった。ここは無理せず新菜だけの参加にしてもらい、私は船に残ることにした。

湾の風景を眺めやすい席をとると、私に付き合って船に残ったアーさんが、お茶を運んできてくれた。中学の先生をしてから通訳の仕事に就くようになったということや、奥さんはフランス領事館に勤務している等の問わずがたり。通訳の空き時間には、貿易関係の仕事もしているというから、現在、働き盛りで充実した人生を歩んでいるのだろう。六ヵ月になるグエンハちゃんという女の赤ちゃんのことも語ってくれたので、子守歌に関心のある私は、ベトナムの赤ちゃんの子守歌は、どんな繰り返しのリズ

▲ハロン湾の名物とも言われる水上生活村のくらしにおもいをはせる新菜。

ムがあるのか知りたくなった。

♪ねんねん　ころりよ♪と、江戸子守歌のリズムを口にすると、アーさんは♪コココリココリ♪と、同じ口調で歌ってくれた。赤ちゃんの名はベトナム語でアヒルちゃんというらしい。よちよち歩きのグエンハちゃんのかわいい姿が浮かんで、私も♪ココリ　ココリ♪と口ずさむ。

二人の会話が弾んでいるところに、船内の女性従業員がハロン湾で採れたという真珠の装飾品入りの箱を運んできた。いくつか取り出して見せてくれるが、真珠はなんといっても日本製品に限るから買う気はない。そこに新菜たち一行が帰ってきたので、もし新菜が気に入ればなにか買ってあげようかとも思ったが、彼女も装飾品には関心がないので、お引き取り願うことにした。

と、今度は新鮮な魚介類を積んだ小舟が横付けになり、水上魚屋さんの商売が始まった。種類別に水槽に区分けされている中から、好みの食材を選んでくれれば即船内で調理してメニューを賑やかしてくれるという趣向である。しかしその魚を選びに行くには、小舟に乗り込まなければならない。取り立てのカニやエビの姿焼きは魅力だが、危ないハシは渡れない私のアシである。それに準備された料理だけで十分満足であった。海老もあるし、めずらしい魚貝類もみんな新鮮でおいしい。「おこわです」と運ばれてきたご飯の豆が黄色いので、どんな味かと思ったらお赤飯の味そっくりなので気に入った。

思えばベトちゃんドクちゃんから二〇年

ここからまた新菜と二人旅になる。私たちはこの後ハノイに引き返してすぐ飛行場に向かわねばならない。飛行場につけばアーさんともお別れ。車内で手渡されたアンケートの答えはすべて花丸。ことにアーさんの通訳は特上の印をつけさせてもらった。ベトナムと聞いてまずどんなことが思い浮かぶかという設問については、「ベトナム戦争」と「枯葉剤」の文字を記入した。ベトナム戦争という呼称はアメリカ・日本だけである。ベトナムの人たちは「抗米戦争」と言っているが、この戦争でたくさんの人たちの命が奪われた。化学兵器による被害は現在も計り知れない。

土も水も汚染し尽くした枯葉剤の被害はベトナムに多くの肢体不自由児を生んだ。二つの体が一つになって生まれ出た双子のベトちゃんドクちゃんの日本における分離手術は、いまでも強烈な印象を残している。これまで**『ベトちゃんドクちゃんからのてがみ』**（松谷みよ子・文、井口文秀・絵、童心社）と

いう絵本をたくさんの子どもたちと読み合って、枯葉剤の恐ろしさについて語りあったが、思えばそれから二〇年以上の月日が流れている。奇跡とも言える二人の分離手術の成功は、当時大きな話題になったが、ベトナムに来て改めて人の運命について考えさせられた。

青年となったドクちゃんはコンピューター関係の高等職業学校を卒業。二〇〇三年、ホーチミン市のツーズー病院・産婦人科の職員になった。二〇〇六年にテュエンさんという女性と恋愛結婚で結ばれたが、残念ながらベトちゃんは二〇〇七年に亡くなっている。二年後ドクちゃんは、男女の双子のお父さんになった。

ドクちゃんたちのことに触れると、アーさんは初めて自分のお兄さんも枯葉剤の被害者であることを語ってくれた。背中がまるまったまま手足も不自由で、何も仕事ができないというお兄さんたちに比べたら、ベトちゃんたちの例は大勢の人に注目されてむしろ幸せであるという。いまもどれだけの人が苦しんでいるかとアーさんは嘆く。確かに枯葉剤の被害者は二世・三世にわたり、特にベトナム戦争に参加したベトナム出身兵士の子どもたちに重度の先天性障害が多発していると言われている。

そう、ここで思い出したのは日本からベトナムに普及した「紙芝居文化」のことである。ベトナム戦争に参加した兵士が帰還後、紙芝居コンテストに応募して大賞を受賞したという話である。「紙芝居」についてはアーさんの反応がなかったので、このことには触れなかったが、私にとってはたくさんの宿題ができた。福島の原発問題が胸に重くのしかかり、こうして楽しい旅の中で、考えなければならないことがいっぱいあるのだと改めて自覚させられたからである。

ところで、最後に案内された土産店は、枯葉剤被害者たちを援助する店であった。かなり大規模な構えの店であるが、入り口近くの場所に一目で枯葉剤被害者とわかる人たちが並んで作業をしていた。背を丸め、曲がって不自由な手に針を握り、布地に刺繍する姿に胸が痛む。それでもこうして自分で仕事ができる人たちはしあわせなのだと強調するアーさんは、いつも自分のお兄さんの姿がダブるのであろう。

刺繍で描いた額入りの風景画は私には荷が重いが、ちょっとオシャレなサンダルが目にとまり買うことにした。新菜はかわいい花模様をあしらったコースターを種類別に二セット買っていた。店を出るときに、被害者の方が刺繍していた品を買わなければいけなかったかと少々気になったが、店全体の売り上げが援助金になるとアーさんから聞いて安堵した。しかし、

図書館員の血がさわぐ。

原爆・水爆・ダイオキシン・原発の問題は、児童文学においても抜き差しならぬ重要なテーマである。エンターティメント主流の傾向の中で、子どもたちの社会的視野を広げる

作品を掘り起こさねばならない。

ハノイ出発　一七時一〇分

旅行会社の添乗員は空港内に入る前に任務終了となるが、アーさんは搭乗券の受付カウンターまで付き添ってくれた。そして、トランクの中には現金は入れないよう、携帯も駄目だと念押しする。現金はともかく携帯は日本のみの使用であるから、トランクに入れっぱなしであった。慌ててトランクを開けるはめになったが、ここで初めてアーさんの苛立つ様子が気になった。もっとも夕刻の空港内はかなりの混雑ぶりで、航空券チェックの列も長い。携帯はすぐ取り出せるところにあったが、トランクの蓋を閉めバンドをかけるまでのアーさんの厳しい表情が恨めしくなった。これでお別れというときに……と。しかし、無事チェックインして搭乗口に向かうときは優しい笑顔に戻り、手を振って見送ってくれたのでほっとした。

有難うアーさん！　お世話になりました。

飛行機が飛び立ち、やっと落ち着いたところで、機内のトランクの鍵がどこでこじあけられるのか？気になりだした。二時間ほどで目的地に着くというのに。アーさんは、ツアー客のトラブルに巻き込まれたことがあるのだろうか。ガイドブックには信じられないような盗難事件も記載されていたから、やはり油断はできないのであろう。

と、窓の外を眺めていた新菜が振り返り「きれい！」と私に呼びかけた。誘われて窓を覗くと、オレンジに紫が溶け合う雲の波が、刻々と色を変えるなんとも美しい日没の光景がひろがっている。そしてその移りゆくときの流れを、しっかり胸に刻む乙女の姿も清らかで美しい。

マイナス思考はつまらない。たったいまの美しい風景を胸にとどめて、一八歳乙女との旅を楽しまなくては。

シェムリアップ　一八時五〇分着

到着後、厳しいチェックイン態勢でロビーに出るまでかなりの時間を要した。なにしろパスポート提出後、両掌を示し、親指の指紋も左右別々にカメラでとらえるという厳重さ。ところが私のときにはパスポートを見るだけであっさりＯＫサイン。順番待ちの学習で、手際よくかざした私の掌には一瞥もくれぬ。そればかりか早く行け！とばかり、追い払うように急き立てる。

「もしかして麻薬運び人のおばあさんかもしれないわよ」捨て台詞を呑み込んで、若い人より一足お先にロビーに出たのだが。早く済んで良かったと素直に喜ぶよりも、のっけから老人扱いされたことが気にくわぬ私である。そして、やはり片手落ちにならないだろうかとしつこく考える。指紋をとるというのはこれまでの海外旅行の中ではなかった気がする。カンボジアはなぜこんなに厳しいのかと疑問に思った。

しかし、新菜も無事手続きをすませてこの件は一段落。二人で出迎えの現地添乗員らしき人のもとに急ぎ駆け寄った。目印を胸に待ち受けてくれていたのは、髪を無造作にくくった地味な感じの女性である。あと一組同乗者がいるというので、彼女と一緒に待つことになったがいっこうに現れる気配がない。仕方なくこの間にトイレに行くことにしたが、空港の外側にあるトイレまでの距離が意外に長い。今度はこちらが待たせることになっては悪いと駆け足で戻ったが、依然として待ち人現れずの状況であった。

薄闇に包まれた街の表情は定かではないが、かなり蒸し暑い。そう、カンボジアは暑いのだ。明日から半袖にしなければなどと考えているところに、ひょっこり二人の若者が現れ、陽気な声を張り上げた。

「よろしくお願いします」

待たせたことなど頓着しない様子で若者は語りかける。

「僕たち初めての海外旅行で、関税申告の書き方がわからなかったので、すぐそばにいた日本の女の人に聞いていたんです。そしたらいきなり近寄ってきた外国人がスラスラ書き込んでくれたので、助かった！と思ってお礼を言ったら、途端に目の前に手が伸びてきたから驚きましたよ。二人で慌てて猛スピードで逃げて来たんです」

空港にはそういう商売もありなのかと思ったが、突然逃げ出された方もさぞ慌てたにちがいない。若者の逃げるスピードにはかなわなかったかと、その場のやりとりが目に浮かぶような彼らの話しぶりがおかしかった。やはりどこにいても油断は大敵のようである。

ここから四人一緒になり、それぞれのホテルまで送ってもらうが、途中換金所で私たちだけが下車。彼らは既に日本で＄に代えてきたという。

カンボジアでは日本円も使えるというし、換金も＄紙幣だという。それでとりあえず最低限、一万円だけの換金にした。車内に戻り＄換金であったことを話すと、彼らは日本で全額一＄紙幣にしてもらってきたという。確かに高額のお札は使いにくいからこれは正解。私より事前準備はバッチリだ。

クメール中華の夕食があるという私たちのコースを聞いた二人は、先に下車する私たちに向かって、「どうぞ素敵なディナーを！」と朗らかに手を振って見送ってくれた。初めての外国旅行を全身で楽しんでいる若者たちの表情は楽しさに満ちあふれている。

ＳＡＲＩＮＡ　ＨＯＴＥＬのロビーで待ち受けてくれていた通訳は、カンボジア生まれのボンさんであった。アーさんと比べると最初は今一つ愛想なしの表情に見えたが、中年のおじさんタイプで親しめる。ここでいったんトランクを部屋に入れてから、すぐに近くの料理店に案内してもらうことになった。

フロントでチェックインするや、頭に白いターバンを巻き、民族衣装にたっぷりの身を包んだ年配のおじさんがいきなり現れて、二人分のトランクを軽々と運び上げてくれた。部屋に入ると私たちはすぐ外出の準備である。と、戸口でまだ待機姿勢のターバンおじさんに気が付き大慌て。そう、チップを忘れていたではないか。換金したばかりの一＄を手渡して礼を言うと、両手を合わせて恭しく最敬礼。真っ黒な顔に、ややオレンジが混ざったこげ茶色の衣装に頭のターバンと歯の白さが浮き立って、いかにもカンボジア人。あんまり丁重に頭を下げられたので、もしかしたら一〇＄渡したのではないかと不安になったりしたほどだ。

ガイドブックには、カンボジアではチップはあってもなくてもオーケーというあいまいな記事が載っていた。しかし、待っていられればそうはいかないし、やはりどこでも心づけは大事にしなければなるまい。

さてボンさんの案内で予約済みの近くの料理店へ。アーさん同様、テーブルに並んだ料理を丁寧に説明し、飲み物の注文を聞いてからボンさんは別室に。

タイ、ベトナム、中国の味が入り交ざったクメール料理は、香草やスパイスで料理の味を生かすのが特徴とか。ライスペーパーにニラなどの野菜をくるみ込んだカンボジア風春巻は、赤い海老が見た目にもおいしそうである。魚料理や肉料理の甘辛い味付けもさっぱりしている。ピリ辛類は苦手な私にとっては、スパイス類を含めて、全体にマイルドな味が気に入った。ビーフンの炒め物や、「バイチャー」というカンボジア風チャーハンなども珍しく、二人とも食がすすむ。

「健康なる胃の腑は最良の調味料なり」

今日も充実した旅の時間に感謝して、マンゴージュースで乾杯！

アンコール遺跡観光　三月二一日（水）

さて今日からいよいよ待望のアンコールワット観光である。集合時間に遅れぬよう、ロビーで待機するボンさんをめざす。ホテルでは若いカップルと合流し、途中立ち寄る場所で女性二人が相乗り。合計六人の仲間で目的地に向かうことになった。

「私の名前はボンです」抑揚のない話しぶりで今一つ愛想はないが、日本語の説明は十分である。

「カンボジアの面積は一八万一〇〇〇キロメートルで、日本の約半分の面積です。人口は約一三〇〇万人。首都はプノンペンです。九割がクメール民族で、ほとんどの人は仏教信仰です。ほかに中国系、ベトナム系、イスラム教徒のチャム系などですが、タイやベトナム国境にはいろんな少数民族が暮らしています」

カンボジアの気候は雨季と乾季の二つだけ。五月から一〇月が雨季で、この時期はまるでバケツをひっくり返すような豪雨になるから、川が氾濫し道路が水浸しになる。四月から五月が一番暑い。一二月から三月までが観光にはベストであるという。

しかし、ベストシーズンというこの日の気温は三〇度。私たちにとってはかなり厳しい暑さだった。ボンさんが首に巻いた緑色のタオルを手に取って、顔に流れる汗を一拭いしてから、窓の外を指さして声を上げた。みると黄色い衣をまとった托鉢姿の坊さんが裸足で歩いていた。

「見てごらんなさい。坊さんはどんなに暑くても裸足で歩くよ。最近サンダル履きの坊さんもいるけど、あんなのは修業が足りない偽の坊さんだからね」

灼熱の地面を裸足で歩くというのは、いくら修業を積んだ坊さんでも無理ではないかと聞くと、「坊さんは絶対裸足でないとダメ！　サンダルなんて履いている怠け者は本物ではない」。

坊さんは敬われるべき人物だが、エリート意識に対する反発でもあるのだろうか。ボンさんの真意はわからないが、とにかくぴしゃりと手厳しい。が、私たちにはサービス上々で勿体ぶる。

「いまからホルダー入りのミネラルウォーターをサービスします。暑いですからね。見学の時に首からぶら下げてちゃんと飲んでください」

バッチャン村同様、手作りの藁のホルダーがなかなかいい。午前中はアンコール遺跡群の観光から始まるが、途中白い建物の前に子どもを抱いている人の列を見かけた。

「あれは無料で診てくれる病院です。だから遠くの村から朝早くやってきて、並んで待っているのです」

国営なのか、民間の組織なのか。どういう形

▲環濠にかかる長い参道は、現世と天界を結ぶ虹と言われている。

で運営されている病院なのかを聞きたかったが、ボンさんは自分の話をどんどん進行させる。蓮の花が国の花であることや、蓮のお茶はおいしい、体にいいからお土産にしなさいと薦めてから、突然「山田長政」という歴史上の人物の名を口にしたので驚いた。途端に子ども時代に読んだ本の挿絵が浮かんだりしたほど懐かしくなった。

しかしシャムという呼び名や、象に乗ったチョンまげ姿の山田長政の名前が結びつくのは私の年代だけのようで、誰もこの説明には関心を示さない。そこで、ボンさんの視線はまっすぐ私だけに向けられる。

長政は、江戸時代初期(一七世紀はじめ)、当時は「シャム」と呼ばれていたタイの都アユタヤーの日本人町を中心に活躍し、タイの王様を助けて大臣の地位についたと言われる歴史上の人物である。子ども時代の雑誌に登場した山田長政は、刀を腰に象にまたがる侍姿であった。

アンコールトム遺跡観光

アンコールトムは「大きな都」の意で、バイヨン寺院を中心に一二キロメートルの城壁に囲まれた巨大な遺跡である。午前中の見学コース案内を見ると、アンコールトム遺跡観光（南大門、バイヨン寺院、象のテラス、ライ王のテラス、ピミアナカス）、タ・プローム観光となっており、ここからは通訳ボンさんの本番である。

アンコールトムの中心に位置するバイヨン寺院は、王の中で唯一大乗仏教を信仰していたジャヤバルマン七世が、観世音菩薩を祀るために建築されたもの。四九体の巨大な四面像は「クメールの微笑み」と呼ばれ、アンコールトムを象徴する遺跡である。人々を救済するための観世音菩薩の顔で、慈悲が世界に届くように四面を向いているということなどを、一生懸命な口調で語ってくれる。

慈悲、慈愛、柔和、峻厳、陶酔、不気味……。バイヨンにはあらゆる微笑が満ちているというが、実際に目の前の大きな顔面を仰ぐと、なるほどこちらの気持ちのありようで、いかにも

▲アンコールトム南大門。昔は王や将軍が象に乗って出入りした。

変化しそうな感じである。もしこの場にたった一人残されたら怖いなと思う。見る者の心持ち次第でいかようにも変化しそうなのが、クメールの微笑ではある。

「塔の上から投げ降ろされてくる大きな、凍ったような微笑を認めて、何故か得体の知れぬ恐怖に突然おそわれるのであった。と、また一つ別の微笑が、彼方の、あの墻壁《しょうへき》の上から……。と、また三つ、五つ、十と、どこを見ても微笑がある。私は四方八方から、じっとみつめられていたのであった」

一九〇一年この地を訪れたフランスの著名な文学者ピエール・ロティの言葉である。彼の本職は海軍士官であったが、そのおかげで世界中を遠洋航海し、各地に寄港してはその地に滞在し、漂白流転の体験を小説に書いて人気を博したと言われている。日本でも長崎を舞台にしてまとめた『お菊さん』で知られている。一九〇一年、五一歳のときに当時の仏領インドシナに巡洋艦ルドゥータブル号で航海し、子どものころから夢見ていたアンコールに寄港して、心象風景を繰り広げた記述は**『アンコール詣で』**（ピエール・ロティ・作、佐藤輝夫・訳、中公文庫）に詳しい。一九二三年七三歳で亡くなったというが、約九〇年の時を経た今、私もこの地に立つ。

巨大な四面仏塔が林立するバイヨンを中心に、東西南北四つの門と、王宮に直結する勝利の門がある。ところがここで、なんとサンダル履きのお坊さんとすれちがったではないか。ボンさん見たかな、とおかしかったが、あんなにダメ坊さんを強調した後だからバツが悪かろうと見て見ぬ振りにした。ところがなんとこの重要地点でカメラに電源キレの表示！ダメ坊さんどころの話ではない。ホテルに戻ることなく、昼食後のコースも決まっているからどうすることもできない。と、昨夜空港で一緒になった青年たちが目の前に。

天の助けと事情を話すと、一瞬きょとんとした二人だったが、すぐにオーケーサインを出してくれた。おかげでアンコールトム中央に位置するバイヨン寺院、王宮のピラミッド型寺院、ピミアナカス等、巡るポイント地点で次々記念写真を撮ってもらうことができた。彼らのカメラポーズを真似て、敬虔な信者よろしく両手を合わせてにっこり。両手Vサインで決める新菜

▲バンテアイ・スレイ。拝殿を持つ中央祠堂と２基の副祠堂の前でお祈り。

の真似っこも板についてきた。孫と二人心を自由に遊ばせ、何も考えなくて良い時間がわくわくと嬉しくて、私の青春が蘇る気分であった。

王宮前の広場に面した長さ三五〇メートルのテラスが「象のテラス」である。東側壁面に象の彫刻が施されており、ここは王の謁見、式典その他の儀式に使われたという。

ジャヤバルマン七世が母の菩提樹として建立した「タ・プローム」は、梵天の古老という意味とか。しかしガジュマルが巨大な根を複雑に張り巡らし、遺跡を侵食している様を目の前にすると、自然の生命力というよりは、破壊の恐ろしさのほうが先に立つ。

第一回廊は、ガジュマルの侵食により崩れ落ちた石材の山が目立つ。第二回廊の侵食は更に激しく、内部には赤い衣をまとった仏の坐像もあった。自然の破壊も凄まじいが、この頃からボンさんの説明に、やたら「ドロボーさん」の語が飛び交うようになった。

「カンボジアを狙う世界中のドロボーさんがいる」

あちこち剝がれたり削り落とされたりした壁画を見る度に激しい口調になるボンさんだが、ドロボーに「さん」をつけるから、聞く方にとってはその分怒りが鈍る。いや、もしかしたら「さん」をつけることで軽蔑の度合いを深めているのかもしれないとも思った。

確かに仏領インドシナとされた時代、更にカンボジア内戦によって、多くの寺院が破壊されたから、遺跡保護修復に至るまでの困難を抜きにしては、現在のアンコールワットの姿を語ることはできないであろう。

タ・プローム遺跡観光後、レストランに案内されてカンボジア料理を味わう。このときいつの間にかボンさんが電池を装置する器具を持ってきてくれて、レストラン内の電源につないでくれた。

「電源つなぐ時間短いからね。でも少しは写るんじゃあないの」

ぶっきらぼうな口調だが、ボンさんの優しさが身にしみた。いつの間にか私たちのことを気にかけていてくれていたのだ。

憧れのアンコールワット

サンスクリット語でアンコールは王都、クメール語でワットは寺院を意味するアンコール

▲タ・プローム。回廊の屋根を覆って伸びるガジュマルの巨木。

最大の建築物である。

ボンさんのお陰で、まず中央西塔門を背景にした参道で、新菜Vサインの記念写真をパチリ！参道の脇にある聖池に映えるアンコールワットの佇まいもカメラに収めることができた。

第一回廊から第三回廊まで、アップダウン激しい階段だらけの壮大な道のりを制覇。要所要所要所々立ち止まり、本領発揮のボンさんの説明に耳を傾けた。

第一回廊の見所は壁面に描かれた壮大なレリーフである。東西二〇〇メートル、南北一八〇メートルに及ぶ多くの彫刻の中には、ところどころ剝げ落ちてはいるが、朱塗りが浮かび上がってみえる。

西面南には、インドの叙事詩「マーバーラタ」の場面。西面北には「ラーマーヤナ」の説話。歴史回廊と呼ばれる南面西には、スーリヤバルマン二世とその家臣・兵士たち。南面東は「天国と地獄」図絵が細やかに彫刻されている。インドの叙事詩や説話は、帰ってからの宿題になるが、従者を連ねて王者の栄光を誇る姿や、天国と地獄絵図の彫刻等は、そのまま話が浮き彫りになる。

汗を拭き拭きのボンさんの語りで最も熱の入ったのが、地獄絵図の場面であった。上段に天国に上った人々、中段に閻魔大王とその裁きを待つ人々、下段に地獄に落ちた人々が彫られている。地獄の残酷な刑罰の場面が、子ども時代に見せられた地獄絵図と重なって恐ろしいが、そんなものと縁のない新菜の方は、案外平気な表情で眺めている。

「彫刻を盗んだりするドロボーさんは、きっと地獄行きだよ、間違いないね。現世でも交通事故にあうとか、悪病で苦しむとか絶対いいことない」

ボンさんは、さん付け泥棒にあくまでも手厳しい。

東面南は、アンコールワットの壁面浮き彫りで最も有名な「乳海攪拌」の彫刻である。不老不死の薬アムリタを神々が得るまでの「神々と阿修羅」の描写は全長五〇メートルに及ぶ。大蛇ヴァスキ（アナンタ）を引き綱に敵対する「神々と阿修羅」が、この場面では協力し合っ

▲ 聖なる伽藍。中央西塔門に続く参道。

て描かれているのが興味深い。一〇〇〇年にわたる攪拌の末、愛くるしいアプサラが次々生まれ出て天を舞いはじめたというのがインド神話「乳海攪拌」の物語で、天に舞うアプサラの情景が目に浮かぶようだ。

東面北と北面は後の一六世紀頃にアンチェン一世が彫らせたとのことで、彫刻の質が他とは異なるが、ヴィシュヌ神の化身クリシュナが怪物バーナーと戦う場面が描かれている。

第一回廊と第二回廊の間はプリアポアン（千体佛の回廊）と呼ばれ、十字回廊で繋がっている。この十字回廊は四つの中庭を囲んでおり、昔の中庭は雨水を湛え、参拝者はそこで身を清めたという。十字回廊の柱や天井には、創建時の朱色が比較的よく残っている感じで、どこだったかわからないが、花模様の天井があったのを覚えている。

十字回廊の柱を示して、再びボンさんの熱が入ったのが、日本人による落書きの跡であった。しかしこの落書きに関しては好意的な説明である。

文字はほとんど消え失せているが、寛永九年（一六三二）にこの地を訪れた森本右近太夫の書であり、彼は父の菩提と母の後生のため、仏像四体を寄進したという話だ。ボンさんが落書きを咎めないのは、当時日本人がカンボジアの国にあるアンコールワットこそ、仏教の名高い僧院としてあがめた故だろう。

北川先生が書かれた子ども向きノンフィクション**『アンコールワットものがたり』**（北川

幸比古・文、杉山卓・絵、岩崎書店）には、森本右近太夫墨書の前文が載っているので、参考のために書いておくことにする。

寛永九年《かんえいくねん》正月《しょうがつ》初而《はじめて》比所来《ここにきたる》　生国《しょうごく》日本《にほん》肥州《ひしゅう》
之《の》住人《じゅうにん》藤原《ふじわら》之《の》朝臣《あそん》森本《もりもと》右近《うこん》太夫《だゆう》一房《かずふさ》御《み》堂《どう》　心《こころに》
数千里《すうせんり》之《の》海上《かいじょうを》渡《わたり》　一念《いちねん》　之《の》儀《ぎを》念《ねんじ》生々《しょうじょう》世々《せぜ》
娑婆《しゃば》寿生《じゅせい》之《の》思《おもいを》　清者也《きよむるものなり》　為其《そのため》仏《ほとけ》四体《よんたい》　奉《たてまつる》
物也《ものなり》摂州《せっしゅう》北西《ほくせい》池田《いけだ》之《の》住人《じゅうにん》森本《もりもと》議太夫《ぎだゆう》右実名《みぎじつめい》
一吉《かずよし》　善魂道仙士《ぜんこうどうせんど》為娑婆《しゃばのため》　是書物也《これかくものなり》　尾州《びしゅう》之国《のくに》
名谷《めいこく》之都《のみやこ》　後室《こうしつ》其《その》　老母《ろうぼ》者《は》　明信大姉《めいしんだいし》為後世《こうせいのため》
是《これを》書物也《かくものなり》

寛永九年正月三十日

▲ 突き出したお尻がご愛嬌の神獣さまともご対面。

思えば、数千里の海上を渡り、筆を振るった日本人がいて、その日本人の筆の跡をたどる数え切れない日本人がいて、そして今から約四〇年前に、この場所に北川先生が立ち、遅ればせながら私も今消えかけた文字の跡を辿っている。そんな思いを北川先生に話すことはかなわぬが、感無量である。ちなみに右近太夫の父親は加藤清正の家臣であったという。

第三回廊は、第二回廊との差一三メートル。中央塔はアンコール時代の遺跡で最も高い、地上六五メートルの神聖な場所と言われている。しかし、見上げれば、なんと高くて急な階段であろうか。これまでも遺跡全体の石段の幅が狭くていつも不安であったが、ここは更に急勾配で見上げるだけで怖くなる。しかしこの第三回廊は、二〇〇七年から内部の立ち入りが禁止されていたが、二〇一〇年一月に修復作業を終えて観光再開となった。現在は石の階段を覆うように、手すりつきの木製階段が設置されたから上り下りが格段に安全になったという。二年前には上れなかったのだから、ここで棄権する手はない。勇を振るって登ることにした。手すりにすがり、下を見ないことにして、ゆっくりゆっくり階段を踏みしめて登った。用心深く私の背に手を触れて後からついてきてくれる新菜がいて心強い。

第三回廊をぐるりと歩けば四方の景色が見渡せるが、私は登りきっただけで達成感を味わい、その後はひたすら階段を下りることだけが気になった。

手摺りにしがみ付き一段一段そろりそろり足を踏みしめ、無事地面に足が着くや思わず拍手！　新菜と高い階段を指差して喜んでいるところを、ボンさんが記念撮影してくれた。

ここまではまだカメラの電池は健在であったのだが、夕日観賞のスポットとして知られる「プノン・バケン」でアウト！　カメラ同様、私も高さ七五メートルの丘を目指す急勾配の階段はアウトにした。頂上から南東方向にジャングルに埋もれたアンコールワットの光景が眺められるというが、手すりのない幅の狭い階段はさすがに危険。無茶をしてみんなの迷惑になってはいけないと判断して、何段か這い登ったところで腰を下ろすと、青年カメラマンが素早く新菜と二人の写真をレンズにおさめてくれた。

新菜はみんなと一緒に頂上へ。私は地上でア

▲観光記念の写真代は１ドルでした。

ンコールの空を赤く染める一日の終わりを、一人しみじみ心にくるみこみ、最高の夕日観賞となった。

コミカルで楽しい「漁師の踊り」

夜のお楽しみは「アプサラダンス」を鑑賞しながらのディナータイムである。今日のツアーを共にした人たちと一緒であるが、規模の大きい開放的なレストランは、欧米人を交えた団体客でほとんど満席であった。部屋全体に縦長に並んだテーブルの数はかなり多いが、私たちは舞台に向かって比較的前方の席を取ることができた。

バイキング形式の料理をそれぞれ大皿に盛り付け席に落ち着くと、いよいよ伝統芸能「アプサラダンス」開幕である。ライトアップされた舞台中央には、ガジュマルに頭を覆われた四面仏がどっかり置かれていた。上方垂れ幕に「KOULEN RESTLANT」の金文字が浮かんで見える。ここで民族衣装をまとった踊り子たち登場で観客は拍手！

アンコールワットには多種多様な天女のレリーフがあり、それぞれに異なった衣装・表情が印象的である。アプサラの舞の特徴はなんといってもしなやかな手足の運び、わけても優雅な指使いの表現である。インドの古典舞踊から派生したというが、伝統楽器の奏でに合わせて舞う目の前のアプサラたちの姿は美しく華やかである。豪華な衣装も目を楽しませてくれたが、踊り子たちの日々の鍛錬がものを言う舞台でもあろう。

伝統芸能の後のプログラムは、シェムリアップ発祥のダンスといわれる「漁師の踊り」であった。村の若い男女の踊りをコミカルに演出し、笑いを誘う。どこの国でも男と女の恋の駆け引きは同じとおかしくなる。言葉はなくても、見ていればそのままわかる動きが楽しめるのがいい。

アプサラダンス観賞ディナーと銘打った舞台であったが、付録のプログラムである「漁師の踊り」もなかなか面白かった。

今日もよく歩き、よく笑い、よく食し、明るく健康な一日であった。

▲歓迎の「アプサラダンス」。

不思議？　サンライズ・アンコール　三月二二日（木）

合計六人の早起き組だけ五時半にロビーに集合。

「夕日とか朝日とか一番騒ぐのは日本人だね。前は中国人も韓国人も知らん顔だったよ。でもね、最近は韓国人が日本人の真似するようになったから、場所取りが大変になっちゃった」

通訳は昨日同様、緑のタオルを首に巻いたボンさんである。

蓮の蕾を模したと言われる仏塔の間から太陽が昇ると言われている「サンライズ・アンコール」であるが、ベストシーズンの五月から一一月でも、日によっては曇ってしまうという。また春分と秋分の日の一年に二度だけ、中央塔の真上から太陽が昇るという不思議な現象があるという説明を聞いて、さすが神々が目覚める聖地と感激したのだが、あとでそのように設計されているのだということがわかり、少しがっかりした。世の中には「そのように作られた」不思議な現象というのも沢山あるに違いない。余計なことを詮索しないで本当のことだと思っているのもいいかもしれない。

バスの中でボンさんがカンボジアの縁起のいい数というのを教えてくれた。

「欧米人も日本人もラッキーセブンなんて言って、7の数字を喜ぶでしょう。カンボジアで縁起のいい数字は9だよ。3・3並びで9になるのが最高！」

かつての日本は、病院やアパートなどでも四という数字を避けて飛ばしていたし、苦労に通じる九の数字も好まれない。

それからひょいと寿命の話になり、カンボジア人の平均寿命は五五歳から六〇歳だと聞かされた。一〇〇歳の年齢も珍しくなくなった日本では、五〇代、六〇代は働き盛りであるというのに。ただしカンボジアの乳幼児の死亡率が高いという話も聞いていたから、統計上の年齢ではあろうが、急に四〇代後半のコースを走っていると見たボンさんの寿命が気になったりした。

▲サンライズ・アンコール。

早朝の参道は、早起きして朝日を眺める人の流れができていた。ボンさんの案内で、アンコールワットが真正面に見える寺院の階段に腰をおろす。どこからともなく土産物を売る人々も現れて、「お姉さん、似合いますよ」と、八〇歳が二〇代の若いお姉さんに声をかけられた。そうこうするうちに、ざわめきが起こり、数人が前方に走り始めた。私も新菜もじっとしていられない。あわてて後に続いて走る。

塔の上の雲が薄紫に染まり、やがて木立からゆらゆらと朝日が昇り始めたのだ。紫・ピンク・水色・グレイが空を彩色する美しさ。そしてオレンジのお日様が雲間を染めて、次第に明るさを増していく。歓声が上がるサンライズ・アンコール。この美しい瞬間を見逃してはなるものかと、シャッターチャンスを狙う人たちがどよめく。私たちも作夜充電したカメラを持って走り回った。アンコールワットの朝日にたくさんの幸せを願って。

朝日鑑賞後、いったんホテルに戻り、朝食を済ませてから、再びロビーに集合。ツアー終了後私たちだけ直接飛行場に向かうので、トランクなどの荷物をバスに運び込んでもらう。

おばあちゃん　ゲリラってなに？

午前中のスケジュールは、アンコール遺跡群観光である。

まず、レリーフの美しさはアンコール随一と言われる「バンテアイ・スレイ」から見学する。「女の砦」を意味するこの遺跡は、紅色砂岩に美しいレリーフが施されており、寺院全体の精密な彫刻やレリーフが美しい。有名な「東洋のモナリザ」と呼ばれるデヴァータ像の柔らかな微笑みも、すぐ前に立って鑑賞することができた。

周壁に囲まれた砦のような寺院が「バンテアイ・サムレ」で、「サムレ（入れ墨）族の砦」という意味であるとボンさんが説明してくれた。ところが脇道にそれた茂みを潜り抜けるようにして歩いた時に、ボンさんがドキリとする発言をした。

「ここはゲリラが通った道だよ」

いまも地雷が埋まっているのでは？と怖くなったが、新菜はゲリラという言葉が気になったらしい。

「おばあちゃん、ゲリラってなに？」

そういえばゲリラという言葉を深くとらえて考えたことはないので、一口で説明するのは、なかなか難しい。とりあえず森の中に隠れ潜んで待ち伏せして、突然敵を襲うのがゲリラ兵だと答えておいたが、問われて初めて考えることもたくさんある。ゲリラの奇襲作戦に手を焼いたアメリカ軍は、各地で枯葉剤を空から撒きつづけ、枯葉剤に含まれるダイオキシンという猛毒で地球上の環境破壊が起こったのだから。

改めてカンボジアの土地に埋められた地雷の被害について考えながら、最初に頭に浮かんだ絵本があった。

『地雷ではなく花をください』（葉祥明・絵、柳瀬房子・文、英訳・相馬雪香、自由国民社）である。

「山花さん、地雷撤去キャンペーン絵本ができたのよ。収益はすべて地雷の除去費用になるの。読んで頂戴ね」

相馬雪香先生訳の、でき上がったばかりの絵本をお送りいただいたのはいつの日だったろうか。画家が描く主人公のうさぎサニーの語りで、〝地雷を取り除くお手伝いができるのはあなたとわたしです〟と読者に訴える地雷撲滅キャンペーン絵本である。その後、続・続々編と合わせて五冊出版され、大きな反響を呼び、今でも読みつがれている（『続・地雷ではなく花をください』、『続々・地雷ではなく花をください』、『ありがとう　地雷ではなく花をください』、『心をこめて　地雷ではなく花をください』）。

一九七九年に「難民を助ける会」を設立された当時、相馬先生は六七歳であった。ＮＰＯ法人「難民を助ける会」は当初、母国の戦火を避け日本に来たインドネシア難民を救うことが目的であった。現在障碍者支援や対人地雷廃絶運動も加え、世界各国に配属された駐在員が常時活動を継続しているが、何よりも陣頭指揮に立った初期の相馬先生の力は大きい。事務所のスタッフに「お疲れさま」と言われるのが不満で、いつも「私は疲れていない」と即答されるから、事務所内では「お疲れさま」の言葉は禁句になったというエピソードを伺ったこともある。

たまたま私の詩集**『いちわのにわとり』**（津田櫓冬・絵、かど創房）を気に入ってくださって以来、いろいろお声がかかるようになった。

『地雷ではなく花をください』が刊行されたのは一九九六年、先生八四歳の時であるから今の私より三歳上ということになる。

「世の中を変えたいと思うならまず、自分が変わることです」

いつもきっぱり明言されていた先生に改めて尊敬の念が湧く。今回観光旅行ではあるが、若い人たちの刺激を受けて私の動作が機敏になったことも私のプラス変化ととらえてよいかもしれない。

今から四年前、二〇〇八年一一月八日、九六歳で亡くなられたが、「憲政の神」と言われた父上尾崎咢堂翁も九五歳の長寿を全うされた。東京市長時代、桜の木三〇〇〇本を米国に贈り、以来ポトマック川に植樹された桜並木が美しいという話は以前から知っていたが、この桜を贈った年が、雪香先生誕生の一九二一年（明治四五年）であったということは、雪香先生亡き後に知ったことである。「憲政の神」と呼ばれるのは、当選回数、議員勤続年数、最高齢議員等、複数の記録保持者に与えられる称号による。五〇年以上の議員在職者は、衆議院の正面玄関に胸像が立つが、その第一号が尾崎咢堂である。その三女である雪香先生は、父上同様難民救済草の根活動の先頭に立たれ、最後まで国際援助活動を継続されたから素晴らしい。

国会前庭の敷地内にある「憲政記念館」は、尾崎咢堂の功績を称えて建設され、銅像も立つ。

尾崎行雄記念財団の副会長を務めた雪香先生は、政治を自由に議論する場として「咢堂塾」を設立。機関誌『世界と議会』には、常に世界平和を目指す熱いメッセージが溢れていた。

カンボジアに来て尊敬する相馬先生とまた親しくお話ができたようで嬉しかった。しかし、どこかで縁はつながるものである。私の父も弟も衆議院議員であったということも、お声をかけていただくきっかけになったと思うし、桜の木寄贈の返礼にアメリカから送られたハナミズキは、現在私が住む調布市の木に定められているのも、なにかの縁を感ずるのである。

図書館員の血が騒ぐ。

現地に足を踏み入れたからには、あらためて地雷撲滅運動にかかわる児童書をリストアップし、まず身近な子どもたちから語りかけていかねばならない。

日本といえば味の素？

シェムリアップの中心に位置するローカル市場は、土産物や雑貨類・食料品など、店続きにぎっしりと並んでいる。午後はこの市場での買い物を最後に、次の目的地ホーチミンに向かうことになっている。

まずはボンさんと待ち合わせに決めた大通りの一角を新菜と確かめ合ってから市場の中へ。雑多に並んだ品物を見てもあまり欲しいものがないが、とりあえずアンコールワットのプリントがあるＴシャツを買うことにした。一枚五ドルが二枚買うとすぐに四ドルに下がる。そういう駆け引きが面白いのが大衆市場である。象の模様を編み込んだテーブルセットも五ドルがすぐに四ドルになるから、どの品もついている値段はあってないも同然。

別行動だった新菜が、すぐ傍の店で値段の交渉をしているのが目に留まり、近寄ると、木彫りのアプサラ像を手にしていた。交渉して多少売り値より下げてもらったようだが、初体験の買い物は、きっといい思い出になるに違いない。二人でぶらぶらするうちに、身振り手振りで交渉格闘中といった、あの愉快な青年たちの姿をとらえた。さて彼らはどのくらい有利な買い物ができたのであろうか。

「一〇ドルするものだって、まず一ドルから交渉するんです。呆れて相手にされなくても駆け引きするのが面白いんですから」

と、屈託ない表情の愉快な青年たち。相変わらず彼らはどこでも無手勝流で存分に楽しんでいるようだった。コースは違っても帰りの飛行機は同じとわかり、再会を約してひとまず彼らとはここでお別れ。

さて約束の時間までのゆとりの時間、大通りを少し歩いたところで、偶然本屋さんを見つけることができた。早速中に入ってまず絵本コーナーを探す。しかし残念ながら、赤ちゃんブック発見！と喜んでもすべて英語の絵本ばかりであった。一冊でも欲しかった現地カンボジア語の絵本はどこにも置いていなかった。子守歌の載ったような赤ちゃん絵本はないものか、身振り手振りで店員さん尋ねたが、最後まで通じなかった。もっとも、観光地の本屋さんに置くような種類の本ではないのだろう。会議に参加する旅行ならば、必ず本屋さんを捜し出して現地の絵本を手に入れるのだが、そうは問屋が卸さないかとあきらめて店を出ると、一生懸命対応してくれた店のお姉さんが、丁寧にドアを開けて外まで出て見送ってくれた。目的の絵本は買えなかったが、図書館や本屋さんはやっぱりいい。どこに行ってもなんだか懐かしい。

さてここらで一休みと今度は喫茶店を探したが、なかなか見当たらない。仕方なくまたマーケットの並ぶ場所に戻ると、店頭に椅子を置いてジュースを飲ませる店があり、そこで小休憩。店内あちこちに胡椒のお土産セットがいっぱい並んでいる。先に腰掛けていた日本人の男性が「カンボジアの胡椒は有名ですよ」と教えてくれたので、ここで小さな籠の容器にセットされた胡椒の土産物ができた。

有名といえば日本の味の素は世界的にかなり有名であるらしい。日本人と見れば「味の素」が合言葉になっているとボンさんが話してくれていた。しかし現実にそのおかしさをこの後すぐに体験することになろうとは。時間を見計らって、待ち合わせ場所に向かうところで、なんとその「味の素」の言葉をキャッチしたからである。ちょっと離れたところの声だったから、直接私たちに呼びかけたわけではないが、確かに日本人の集団に向かって発した挨拶語である。カンボジア人が日本人に親しみを込めて発する「味の素」のフレーズのおかしさ。どんなきっかけで生まれた言葉なのか知らないが、いったい日本人の味の素は、どこから生まれるのであろうか？　思わず新菜と顔を見合わせ笑い転げてしまった。確かに味の素って言ったよね、と。

さて時間通り待ち受けてくれたボンさんと一緒に出迎えのバスに乗る。日本で言えば地方空港のシェムリアップ空港だが、入国時にやたら厳しかった手続きを思い出す。あれはいったいなんだったのだ。その空港入り口でボンさんともお別れである。

「中には入れないからね」と、あっさりボン流のお見送りだが、二日間お世話になったことは忘れない。セ・シ・ボン・ボンさん！　長生きしてね。

出発ロビーは相変わらず混雑していたが、やっと手続きを済まして、持ち込み荷物を点検するところで問題発生！　新菜の手提げ袋からワインのビンが摘発された。どこで買い求めていたのかちっとも知らなかったが、父親のお土産だったようだ。そこで私は手荷物点検の係員に身振り手振りで懇願した。

「パパのお土産なの。どうか没収しないで」

日本語が通じるわけでもないのに、まことに無茶な頼みごとである。どんなものであっても、液体の入ったボトルを取り上げるのは当たり前の規則だ。でもまあ、なんといい係員ではないか。新菜の顔と必死な形相の私を見比べながら、私のリュックを指さし、機内持ち込みにしろと目で合図。急いでリュックを降ろして再手続きしてもらうことになった。大慌ての一幕劇だったが、カンボジアの嬉しい思い出プラスワンになった。

ホーチミン空港　一八時四五分着

ベトナム南部ホーチミンの観光が最後となる。すっかり旅慣れた気分で、空港ロビーを見渡したが、すぐに現地係員の姿をとらえることができず慌ててしまった。これまですべて順調であっただけに、五～六分の遅れでも不安は募る。他社の旗を持った現地旅行案内者の姿をとらえ、事情を話したところで、私たち担当の係員が大慌てで駆け寄ってきた。

「すみません。見送りの人の案内をしていて、時間がかかってしまいました」

優しい表情で頭を下げる男性係員を見てほっと一安心。すぐに車に乗って案内してもらう。

やっぱり二人だけの専属通訳なのでいろいろ気楽に質問できそうだ。早速両替の手続きということになったが、ハノイでの紙幣や、カンボジアで替えた$も多少残っていたし、日本円でも通用するというので、換金所には寄らないことにした。現地のお金を残しても無駄になると思ったのだが、最後にケチケチ旅行を余儀なくされることになり、これは大失敗であった。

本日宿泊するホテル名は、何とも豪華で優雅な気分になるGOLDEN　ROSE　HOTELUである。

「私の名前はクワンと申します。日本語で光と書きます。HISの情報案内の六八ページに私の写真がのっています」

日本にも行ったことがあるという光さんの日本語はまことに達者で、物腰柔らかな態度。

早速ＨＩＳ発行の情報誌のページを繰ると、目の前の光さんそのまま。以後私と新菜はいつも光さんのことを、好感込めて「六八ページの人」と呼び合うことになる。

まずはベトナム風フランス料理の夕食タイムからスタート。落ち着いた雰囲気のレストランで、ゆったり席を取ることができた。

「肉料理か、魚料理かどちらにしますか」光さんに聞かれて、二人とも蟹がメインの魚料理にした。いつものように飲み物の注文を聞いてから光さんは控えの間に。若い男性のバイオリン奏者が、♪ユーモレスク♪の軽快な曲で迎え入れてくれたが、♪スキヤキソング♪の演奏は、私たちへの特別サービスに違いない。

よく磨かれた白い陶器の皿に盛られた料理は目に美しく、注文した甲羅に調味料を加えて身をほぐした蟹の蒸焼きが、やはり特別おいしかった。

中国・フランスの支配を受けた苦難の歴史の中でも、前向きに考えるならば、両者の料理を程よく取り入れたベトナム料理は素晴らしい味を生み出したと言える。

いったんホテルに荷物をおろしてから、おすすめの夜の美容院行きを決める。「フェーシャルトリートメント」というのを一度体験して見たかったのだ。

ホテルは名前ほどゴージャスではなかったが、入口正面に飾りつけた生け花の壺が小さなロビーの雰囲気をお洒落にしていている。トランクを運んでくれた小柄なボーイさんの制服姿が、オモチャの兵隊さんみたいで気に入った。

フロントでパスポートやお金を預かってもらえなかったので、このボーイさんに部屋の金庫の暗証番号の入れ方などを教えてもらって、急いで外出の準備をする。新菜によればこのとき手持ちのドン紙幣に丁度良いものがなく、かなり少額のチップになってしまったというが、気持ちよく外まで出て見送ってくれた。考えてみると、ボーイさんの中で一番世話になり、また良い印象を残してくれたのがこの「おもちゃの兵隊さん」であった。

メコン川はすごい混雑　三月二三日（金）

本日のお楽しみは「メコン川クルーズ」見学だ。早いもので、今夜はもう空港から成田に向かう。朝食後すぐに出発準備を済ませて、チェックアウト。トランクはロビーに預け、現地係員の迎えを待つ。

ガイド役はデンさんというこれまでの通訳の中で一番若い男性であった。途中、他のホテルから若いカップルと母娘二人が同乗したので、合計六名のグループが今日のお仲間である。

通訳のデンさんは日程説明のみで、ドライな感じの話しぶりがおかしかった。

「ハイ、ここから二時間走って、メコン川クルーズです。果樹園を見て果物食べてお昼を食べたら市場に行って、後は別々に市内見物しておしまいです」

なにかの拍子にどこかの王様の話が出る。

「王様さはいいよねえ。五人も六人も奥さん持てるから羨ましいよ」

「あら、デンさん、五人も六人もいたら養うだけで大変じゃないの」と応じるとあっさり「ああそうか、大変だな」と笑って誤魔化す。もしかしたら日本のおじさん観光客のセリフを真似して、受けを狙ったのかもしれない。

メコン川をベトナムでは「クーロン（九竜川）」と呼ぶ。デルタ地帯を作っている川が、九つの頭を持つ竜のように支流を作っているからだ。そして支流がたくさん流れている地域一帯を、「メコン・デルタ地帯」と呼ぶ。

いよいよメコン川クルーズである。

大型ボートから手漕ぎボートまで、果物・米・野菜などを満載した水上マーケットの風景が、船の中からゆっくり眺めることができる。船の中でデンさんの配ってくれたココナツの実に、ストローを入れてジュースを飲むと、さすがに新鮮でおいしい。

下船するとすぐに左右に賑やかに土産物を並べた道が続き、しばらく近隣の茂みを散策してから果樹園に案内される。途中「ここは大金持ちの家だよ」と、デンさんが指さした大邸宅があった。広い庭園に洒落た洋風建築の住人はどんな仕事をしているのだろう。毎度観光客に案内されて迷惑ではないだろうか。いや案外それがご自慢なのかもしれないなどと余計な詮索もしながら、邸宅の様子を覗き込んでみたりする。

フルーツ試食と伝統音楽を観賞する果樹園は、民族衣装を着た踊り子たちのダンスや歌のサービスがある。既に先客で賑わっていたが、デンさんの案内で私たちも一席を確保。席に着くとすぐに籠に入ったトロピカルフルーツが運ばれてきた。マンゴスチンやパパイヤその他南国の珍しい果実も並ぶ。試食中歌やダンスが披露されたが、日本人客の歌のサービスメニューに、やはり♪スキヤキソング♪は外せぬようだ。蛍の光で閉めになるのもご愛嬌であるが、同時にすばやくお愛想受けの籠も並ぶ。

島にある養蜂場ハチミツ農園では、密集する

▲デンさんの誘導で首に大蛇を！

蜂の巣箱を見せてもらう。代わる代わるこの巣箱を抱えての記念撮影をしたが、私はなんだか怖くて遠慮した。それなのに大蛇を首にまいての記念撮影に参加して、若い人たちと一緒にキャーキャー言いながら楽しんだのだからおかしい。席に着くと早速売り子さんがやってきて、「ハチミツのペットボトル一本付きの特別大サービス」と、懸命に宣伝する。日本円でいいというし、何よりお肌が潤って見違えるように綺麗になるというセリフには弱いのですぐ手が伸びた。

帰り際に手作りのココナツキャンディができ上がるまでの工程を見学。中身を取り出した後のココナツの殻が散乱する傍に、お土産セットの品が無造作に並んでいた。少し離れたところで村のお母さんたちが、でき立ての飴を包丁で切り分けている。オブラートをかぶせ、その上から模様のついた紙に包めば完成であるが、こうした手作業の中に子どもの姿もあったから買わないわけにはいかない。少々不衛生な感も免れないが、デンさんが飴をしゃぶって見せた。

「でき立てだからまだあったかいよ。きょうだいはこれが大好きだから、いつもたくさん買っていくよ」

そうか、デンさんはいいお兄さんなんだ。稼ぎ手のお兄さんのお土産を喜ぶきょうだいたちの姿を想像して、なんだかほのぼのと温かい気持ちになる。ここでも五個まとめれば一つおまけで、六個五〇〇円と言われたが、二個だけのお付き合いで勘弁してもらった。

ランチタイムは広々した庭園の中に、開放的ないくつもの部屋が並び、六人一緒のテーブルに着く。早速運ばれた料理の中では、メコン川名物「エレファントイヤー・フィシュ」の大皿が珍しく話題集中。その名のごとく象の耳の形をした大きくいかつい魚の唐揚げだが、どう取り分けていいのかわからない。もう一つのサッカーボールみたいに大きく膨れ上がった風船餅というのも珍しいが、やはり食べ方がわからない。とりあえず唐揚げの魚を銘々で皿に取り分けようとしたところ、サービス係が慌てて走り寄ってきて、ナイフとフォークでエレファントイヤー・フィッシュの身をほぐし香草類を加え、別皿に盛ってあったライスペーパーに包んで一人一人の皿に手際よく盛りつけてくれた。淡白な白身魚に香草の味付けが効いていて、手に持って食べる。パンパンに大きく膨らんだふうせん餅は、ただ潰して食べるというだけのものである。ここのチャーハンは、ぱさぱさしてあまりおいしいとは言えなかったが、あとはどれもさっぱり口に合う料理であった。

午後のお楽しみは、手漕ぎボートで進むメコン川のジャングル・クルーズである。

中国、ビルマ（ミャンマー）、ラオス、タイ、カンボジア、ベトナムの六ヵ国をつなぐメコン川の流域面積は、およそ八〇万平方メートルという。日本の国土の二倍以上というスケールで、長江、黄河に次ぐアジア第三の大河である。

ボート乗り場は大混雑で、すぐ前の広場にしつらえてあったハンモックで一休み。心地よく揺られながら時間待ちしていると、やっと順番が巡ってきて、乗り場に向かい、二人一組でボートに乗る。

ベトナムの伝統的なすげがさ「ノン」をかぶせてもらうと、これぞベトナムと気分は上々。デンさんが私たち二人のボートに乗って、前に坐った女の人と櫂を合わせて上手に漕いでくれた。左右に迫るニッパヤシの森の中、曲がりくねった水路にたくさんのボートが往来するから手漕ぎの腕前が試されるが、デンさんの腕前はなかなかのもの。ぶつかりそうになって悲鳴を上げると、笑って上手によけてくれた。途中、岩場を見上げて、新菜が盛んに手を振る方を見ると、小さな孫を抱いたおばあちゃんがこちらを眺めて手を振っている。ごちゃごちゃ気忙しく往来するボートの中、一瞬のどかで平和な気分に包まれたメコン川クルーズであった。

六人一緒のプログラムは、ホーチミン市最大と言われる「ベンタイン市場」のショッピングで解散となる。以後の時間は私たち二人になり、デンさんに市内観光の案内をしてもらう手筈である。

市場に入ると衣類、雑貨類、サンダル、バッグ類、家電製品、骨董品を並べる店がひしめき合っている。曲がりくねる狭い通路を抜けていくが、生鮮食品や、肉類の煮炊きするような独特な匂いが鼻につき、いい気分でのんびり買い物できる雰囲気ではない。

「ここが市場の真ん中です。ちゃんとここに集まってくださいよ。迷うと時間なくなっちゃうから気を付けてね。それからここでは値切ること。半分ぐらいになっちゃうから頑張って！」

デンさん自身が張り切って、中央の十字路の地点を待ち合わせ場所に指定した。こういうところで気合いを入れるデンさんはいかにもきびきびした若者の表情だ。

ハノイのガイド、アーさんは、例えばハロン湾の通りに賑やかな市場があっても、そういうところは危険だからと敬遠。既定の店にだけ案内してくれて、けっして値切るようなアドバイスはない。ボンさんも市場には連れていってくれたが、値段交渉術に触れることはなかった。

▲ノンをかぶってメコン川・ジャングルクルーズ。

考えてみれば三人三様の通訳ぶりが面白い。しかし、せっかくデンさんに気合を入れてもらったのに、市場では日本円が通用しないとわかってがっかり。$の持ち合わせも少ないし、これでは値段交渉のお楽しみどころではない。仕方なく買い物はあきらめたが、新菜のお供で骨董品を並べた店に立ち寄ることにした。

穏やかな表情に慈悲の心があふれている菩薩顔に安らぎを覚えるが、そんな仏像の一つを手にして眺め入る新菜の表情にも気を取られる。これまで寺院仏閣を訪れて仏像を目にする機会はあっても、私は新菜のように仏像に関心を持つことはなかった。若い娘がなぜ仏像に魅力を感じるのか、ちょっと不思議な気もする。そして新菜はどうやら手に取った仏像をお土産に持って帰りたいようだった。たしか二〇ドルくらいの値段がついていたと思う。早速店員がソロバン弾いて一六ドルまで値下げの合図。しかし情けないことに日本円の他は、二人合わせても現金が足りないのだ。あきらめて店を去る私たちの気配を見てとり、店員のお兄さんがあわててまたソロバンをはじいて私たちに見せる。どのくらい値下げするのか、この後の値段交渉こそが見ものなのに、ここで打ち止めにせざるを得ないということは、私たちにとっても残念無念であった。

最後に覗いたアクセサリー店で、珍しく新菜が気に入ったネックレスを手に取った。早速手持ちのドルをはたいて買おうとしたところ、この店では現地紙幣でしか売れないときた。というわけで、気に入った品があったにもかかわらず、値段が安い市場での買い物は諦めざるを得なかった。何事も旅の経験と自分に言い聞かせ、一番乗りで待ち合わせ場所に立ったのではあるが、やはり口惜しい。

ここからそれぞれのホテルに戻って解散となるが、私たち二人はそのままデンさんの案内でドンコイ通りから市内観光の予定である。

教会・郵便局・市民劇場めぐり

最初に案内してもらった「聖マリア教会」は、一九世紀末に建築されたカトリック教会で街のシンボルになっている。すべてフランスから運ばれたという赤レンガを精巧に積み上げたゴシック建築が美しい。

▲ゴシック建築が美しい聖マリア教会。

門をくぐり、高い二つの尖頭を仰ぎ見ながらデンさんの説明を聞く。

「ここで結婚式を挙げたら絶対離婚なんて恥ずかしいことはできないね。それがカトリックの決まりだから。でもね、最近は変わったよ。離婚する人いっぱいあるよ」

優美な建築様式の説明をする前に、いきなり最近の結婚事情を語るのが、いかにもデンさんらしい。なんだか、カンボジアのボンさんがサンダル履きの坊さんを貶した言葉と重なっておかしくなった。時代は移り人の心も移ろうのだ。いまや離婚は珍しいことでも恥ずべきことでもなくなった。

奥行深い礼拝堂は、八〇〇〇人が一堂に会することができるという広さで、窓のステンドグラスが美しい。敬虔な気持ちに満たされ祈りを捧げたが、ふと純白のウェディングドレスに包まれた新菜の花嫁姿を思い描く。はたして新菜はどんな気持ちで手を合わせただろうか。

次はこの教会のすぐ真向かいに建つ「中央郵便局」に案内してもらう。一九八一年、フランス統治時代に建築されたというが、駅舎のような外観である。ガラス張りアーチ状の天井が明るくモダンで、正面中央に、ホーチミンの立派な肖像画を掲げている。その下にある時計の針が、四時一五分を示していたのが印象に残っている。

アンティークな電話ボックスがモダンな感覚で、中央広場一角には土産品を並べたテーブルもある。名所案内の絵ハガキやノート等の文具類が置いてあったから、いつもなら必ず買うところだが、残念ながら懐寂しくて眺めるだけに終わってしまった。

外に出て次に向かったのは、やはりフランス統治時代に建築されたという「市民劇場」である。当時は、オペラハウスとして設立された由緒ある建物というが、現在は各種イベントが行われる娯楽施設として市民に利用されているそうだ。日本の文化会館といったところだが、クリーム色の外観が優美である。

中央階段を上ると、天井を支えるような姿の女神像が左右に並んでいる。上部のブルーが美しい彫刻に見とれていると、民族衣装を身に纏った人たちが手招きして記念写真に誘ってくれた。今夜のイベントの出演者らしい。にこやかな表情で私たちを真ん中に招き入れ、デンさんはカメラマンとして活躍してくれる。

▲中央郵便局。
天井はクラシックなアーチ状のガラス張り。正面で、ホーチミンが見守る。

今夜私たちのスケジュールに、伝統舞踊ディナーショーというお楽しみがある。その前の空き時間は、六八ページ光さんの手配で、昨夜の美容院を利用することになっていた。実はボディマッサージには料金が足りず、フットマッサージのみとなったのだが、これは料金前払いだったのでほっとする。美容院まで送ってくれる車の中で、デンさんがクイズまがいのことを言って笑わせてくれた。

「ホーチミンはお金が好きだよ。なぜでしょう?」

「ホーチミン記念のお土産品が多いから、それが売れてお金になるから?」

「ちがうよ、お札にはみんなホーチミンの顔があるでしょう、だからホーチミンはお金が好きということなのであります!」

なんということもないクイズだが、得意顔のデンさんがおかしかった。きょうだい思いの一面ものぞかしてくれたデンさんともここでお別れだ。ドライな若者の表情で楽しませてくれたデンさん有難う。

いよいよ帰国

日本に帰ればマッサージなどのんびりする時間はない。美容院での贅沢な気分もこれで最後である。ただし、足のマッサージだけだったので、光さんが迎えに来てくれる時間より一時間も早く終わってしまった。それで、美容院の現在地を確かめてから、初めて二人で宵のドンコイ通りを散策することにした。

しかし信号のない道路を横断するのは並大抵でなく危険極まりない。バイク集団の凄まじさにたじろぐばかりで足がすくむ。こんなところで交通事故にあったら大変だと、すぐ近くにあった二階建ての大型スーパーに入って時間を潰すことにした。

店内に並ぶ食料品、土産物等いろいろあるが私たちは眺めるだけ、なにしろ貧乏なのである。ふと、アンコールワットでバスに駆け寄ってきた裸の子どもたちの表情が浮かぶ。

「おねえさんカネモチ、わたしビンボウ」と訴

▲クリーム色の彫りの外観が優美な市民劇場。

えた娘もいた。欲しいものを目にして買えないのはつらいが、しかし日々の生活が苦しい現地の人たちの切実さとは比較にならないと戒める。

螺旋型の階段を上ると、まず種々の洋酒を陳列したケースが目についた。シェムリアップ空港の危機一髪の場面を思い出し、お土産が没収されなかったことを改めて喜びあったりした。

香草類・調味料が並んだ棚でふと新菜が黄色い豆が入った小さな袋を手に取った。

「これ、ハロン湾の船の中で食べたおこわのお豆じゃないの」

黄色いのに緑豆と記されていたが、確かに同じ種類の豆であった。

「これ、絶対おばあちゃんが気に入ったおこわのおまめだよ。おばあちゃんに買ってあげる」

新菜は財布からなけなしのお金をはたいてレジに向かう。おばあちゃんに買ってあげるというセリフが嬉しくて、にこにこと後ろに従う私。夕暮れのホーチミンのマーケットで、孫にお土産を買ってもらったことも、きっといつまでも忘れられない旅の思い出になることであろう。

美容院に戻ると、六八ページの光さんが待ち受けて、「グエン王朝時代の内装を施した大きなレストランにお連れします」と、最後のお楽しみの場に案内してくれる。

「一弦の琴」は、ベトナムの代表的な楽器であるというが、光さんはなんとレストランに向かう車中で、楽器の説明を兼ねて自ら演奏をしてくれた。助手席から振り返り、懸命に手製の小さな琴を爪弾き、口に当てた笛の音色を響かせる。どこからかガラスのコップまでも取り出して、小さな棒で叩いての演奏。見事な車内独演会であった。

「光さん、すごい！　ガイドさんだけではなくて、芸人さんでも通用すると思うわよ」と褒めると、「ありがとうございます」と満足そうに深々頭を下げて一礼。言葉づかいも丁寧で、サービス満点のすばらしいガイドぶりである。

レストランに到着後、ショーが始まる前に、光さんが舞台に並んだ伝統楽器について説明してくれた。

一本の弦を右手ではじき、左手で弦の張りを調整することで、様々な音色を表現するという一弦の琴。娘時代に三味線のお稽古に励んだ日が懐かしいが、一弦の琴を弾きこなすまでには、相当な熟練が要求されそうだ。ベトナム最後の夜の気分が優雅に盛り上がり、フエの宮廷音楽と踊りを愉しみながらのディナーとなるが、ああ無常！　最後の晩餐の飲み物が二人でたった一本のミネラルウォーターだけの注文になろうとは。

「新菜ちゃん、マンゴージュースにしようかな」

快適な気分で注文する呑気な私に、メニュー片手の新菜が溜息を吐く。

「ペットボトルのお水一本がやっとみたい」

そこで丁寧に飲み物の注文を聞いてくれた光さんに、私はできるだけ上品に応じたものだ。

「お料理がおいしそうだから、さっぱりとお水だけいただくことにしましょう」

制服のボーイさんが次々運ぶ料理は、中華風味付けの肉料理中心で珍しくもなかったが、取り分ける食器のデザインがどれも美しく、料理の味を引き立ててくれた。輝くワイングラスには、ワインならぬペットボトルのお水がゆるやかに丁寧に満たされた。

伝統的な宮廷音楽を奏でるのは、民族衣装を着た少年二人と白髪の男性の三人であった。実はレストランに入って席に案内されるまでの通路で、高校生らしい制服姿の少年たちが楽器を手にした男性の指導を受けている姿をとらえていた。彼らは目下、一人前になるまでに腕を磨いているところにちがいない。私は一つ演奏が終わるごとに新菜と二人、できるだけ大きい拍手を舞台に送り続けた。その度に師匠の白髪の男性が丁寧にお辞儀を返してくれた姿が心に残る。

演奏の前後に、ベトナムのすげがさ「ノン」を手にお揃いのピンクのアオザイを着た乙女たちのしなやかな踊りも風情があってなかなか良かった。素敵なディナーショーの料金が前払いだったことに、ほっと胸をなでおろしながらの鑑賞ではあったが。しかし遠くに席を取って私たちを見守っていた光さんの目に、注文の飲み物がたった一本のミネラルウォーターだけという私たちがどう映ったであろうか。でも光さんは、最後のお別れのときまで丁寧な態度を崩さず笑顔で見送ってくれた。

「またぜひどうぞ、こちらにいらしてください」

たった二人のお客さんに車内劇場まで用意してくれた六八ページの優しい光さん、本当に有難う。

玩具の兵隊さんがいた「ゴールデンローズホテル」とも今夜でお別れ。ホテルまで出迎えてくれた空港行きのバスに乗れば、旅は終わりを告げる。空港に着くまでの間、ハノイ、カンボジア、ホーチミンの旅程を振り返り、改めてそれぞれのガイドさんの表情を懐かしむ。旅先の限られた短い期間のお付き合いではあるが、個性あふれる通訳ぶりが忘れがたく心に残る。

タラップ踏んだ途端に旅立ちの誕生日　三月二四日（土）

夜一二時五分発で、成田到着は朝七時四五分の予定である。税関の手続きも無事終了、あとは出発時間までのんびり待てばよい。

みんな同じ飛行機に乗るのだと、なんとなくあたりを眺めていると、メコン川クルーズで同行した母娘と目があった。

「あら、おんなじ飛行機ですね」お互いに懐かしい気持ちである。アンコールワットですっかり仲良しになった青年たちの姿もとらえることができた。

「四人一緒に記念写真撮りましょう」

青年たちの発案で、新菜が傍にいた人に依頼して、初めて四人一緒の記念写真を撮ってもらった。私たちを囲んで相変わらず愉快なポーズ。朗らかな彼らと一緒にいるといつも心が弾む。

初めて孫と一緒の旅が嬉しかった私だが、彼らも仲良しコンビの卒業記念旅行を満喫したに違いない。

新菜も彼らも、青春という文字が輝く時代である。若い人たちの姿を好もしくとらえながら、お蔭で私自身もまた青春時代を蘇らした旅であったと振り返ってみる。

ホーチミンを去る飛行機のタラップを踏むとき、時計の針は一二時を示していた。その瞬間を新菜が待ちかねていたように声をあげた。

「おばあちゃん、お誕生日おめでとう！」

そう、三月二四日、八一歳になったのだ。この際二時間の時差はどうでもよい。まさにこの瞬間、孫と一緒に八一歳を迎えた喜びを感じ取ることができたのだから。そして成田に到着すれば、八一歳の新しい道を踏みしめることができるのである。

そう、八一歳。ひっくり返せば新菜と同じ一八歳ではないか！

一八歳の新菜と、そして旅の道連れの青年たち同様、体中で楽しんだ八一歳の旅であったが、私が受け取った沢山の宿題も頭を駆け巡る。八一年間蓄積した経験を生かして取り組む仕事がたくさんある。日常の読書活動の中で、これから出会う子どもたちに、若い人たちに語り伝えていかねばならぬことがたくさんある。

楽しく活動できる健康に感謝して、父や母や政治家として志半ばで病に倒れた弟の仕事を、私なりに引き継いでいこう。

相馬雪香先生はじめ、私を導いてくれるたくさんの言葉をバトンタッチしていきたい。

負けずにベンキョー！

帰ったら真っ先に、私はお馴染みの図書館に走る。

第2章

図書館員の血がさわぐ

三月二四日　帰国後のはなし

雨の誕生日であったが、旅先で心にとどめた沢山の宿題を抱えて、やっぱり一番先に足が向いたのは家の近くにあるお馴染みの図書館である。まずはベトナムの「文廟」にかかわる民話を探し、目にとまったのが、**『ベトナムのむかし話』**（富田健次・編訳、偕成社）と、タイ・ラオス・ベトナムの昔話**『いたずら者のパオロー』**（吉川利治／富田健次・訳、太田大八・絵、小峰書店）であった。

一六篇の話を載せた『ベトナムのむかし話』は、学生という文字をキーワードに、第一三話の「天の神を尋ねた学生」から読んでみた。

代々家が貧しく役人になる試験が受けられない学生が、東の海に降りてこられるという天の神様に、なぜいつまでたっても貧乏のままなのか尋ねる旅に出た。

旅に出て一〇日。所持金も食べ物もなくなり、仕方なく金持ちの家に立ち寄って助けを求める。わけを聞いた金持ちの主人は、学生に旅の費用を用立ててから、一人娘の口がきけないわけを神様に聞いてくれないかと頼む。やがて所持金を使い果たした学生は、また通りかかりの家に立ち寄り援助を受ける。ここでも主人にお金と米を渡してもらってから、なぜ我が家のミカン畑に実がならないのか天の神様に聞いてきてくれと頼まれる。

彼らの願いを胸に歩きつづけ海のほとりまで辿りつくが、いつまで待っても島に渡る小舟の姿をとらえることができない。そのとき、とてつもなく大きなカメが水面に浮かびあがり、学生を背に乗せて島まで連れていってくれることになった。そしてまたもやカメに「一〇〇〇年生きたカメは生まれ変わるというのに、なぜ自分は生まれ変わることができないのか」そのわけを聞いてきてほしいと頼まれた。

三日目の朝、山の頂上からさしてきた光の輪の中から天の神が現れた。学生は最後に頼まれた順に、生まれ変われないカメのこと、実をつけないミカンの木のこと、口のきけない娘のことを話し、どうしたらよいかの教えを乞う。願いを聞き入れた神はどうしたらいいか、その方法を次々伝授してくれた。

「喉のところに不思議な宝石を持っているカメは、その宝石が惜しくて吐き出せないでいるからいつまでたっても生まれ変わることはできない」

「あの男のミカンの木に実がならないのは、木の根元に金が埋まっているからだ。木は金に勝てぬからそんなことになった」

「あの娘の口がきけないのは、役人の試験に一番で合格したものが、娘のために口開きの儀式をしてやっていないからじゃ」

最後に今度こそはと、自分のことを尋ねる学生になぜか突然怒り出した神様、雲に乗って天に帰ってしまった。

質問攻めにうんざりしたのか、仏の顔も三度までということなのだろうか。学生はこれも自分の運のなさと落胆して帰途に就く。しかし律儀な学生は、頼まれごとをしたところに立ち寄り、天の神のお告げをそれぞれの相手に伝えて誠意を尽くした。さてここから学生の運気は上昇。カメからは吐き出した宝石を、ミカン畑の持ち主からは金の壺を貰い受けた。

やがて王宮の前を通りかかると、折しも役人の試験が開始されるところであった。学生はカメからもらった不思議な宝石のお陰で、どんな難しい本を読んでもわけなく覚えることができた。またミカンの木を育てている男から貰った金で、試験を受けるために必要な本をはじめ試験官への贈り物も買い揃えることができた。おかげですぐに受験登録されて、一位合格者となる。

晴れて故郷に錦を飾る学生は、馬に乗って帰途に就くが、最後に口のきけない娘のいる金持ちの家に立ち寄り、天の神の答えを告げると、娘は美しい声でにこやかに挨拶。これで役人の試験に一番で合格した学生が娘の口開きをしたことになる。

かくて貧しい学生は、金を手に入れ、役人になり、美しい花嫁と結婚することもできたという、めでたしめでたしの話である。

ところで、金持ちになった学生が役人に当たり前のよう賄賂を差し出す描写がある。ここで、文廟で説明してくれたアーさんの表情がちらついた。

「地方の貧乏人が都会に出て試験を受けるだけでも大変なことでした。役人に賄賂を渡す金持ちもたくさんいて、世の中は不公平にできています」

どこの国でも役人に賄賂はつきものかしらねえと笑い合ったりしたから、賄賂については妙に納得したものだ。しかし、興味を覚えた海老と鯛のかかわりまでは残念ながら探ることはできなかった。

民話のおもしろさは、順序良く話の筋を運びながら底辺の者がこうありたいという願いをかなえてくれることであり、各国共通のテーマの存在である。誠意を尽くすことの大切さを教訓にしながら、世俗にとけ込む学生の振る舞いや、少々我儘な神様を登場させる話のおおらかさもまた民話の特徴でもあろう。

『いたずら者のパオロー』は、最初の話「海の上の神殿」が同類の話であり、ここではカメの話ではなく、まさに「文廟」の屋根に飾られていた鯉が登場する。

『世界の民話22 インドネシア・ベトナム』（小澤俊夫・編、ぎょうせい、品切）にも微妙にニュアンスを異にする同類の話が「醜い学生と三人の天の精霊」という題で載っている。この話もやはり鯉が学生を導いていくが、このほか「学生と寺のご本尊」「石のこまいぬさん」「徳の高い学生」など、いずれも国家試験を目指す若者のことが数多く取り上げられていた。

「科挙試験」に合格して役人になるということがいかに名誉であるか、いかに困難なことであるか、自分の足で「文廟」を訪れたことにより、民話の世界が生き生き蘇る。

先祖代々語り継ぐ昔話は、世界共通のメッセージが興味深く、新しい視野を広げてくれる。

『ベトナムの昔話』（加茂徳治編訳、深見久美子絵、文芸社）には三〇篇の話が載るが、「瘤取

り娘」は日本の「瘤取り爺さん」と重なる。「犬と猫の恩返し」は、韓国のむかしばなし絵本**『いぬとねこ』**（ソ・ジョンオ・再話、シン・ミンジェ・絵、おおたけきよみ・訳、光村教育図書）、日本の絵本**『いぬとねこのふしぎなたま』**（望月新三郎・文、福田庄助・絵、ほるぷ出版）、**『いぬとねこのふしぎな玉』**（鶴見正夫・文、村上豊・絵、佼成出版社）の類話が、それぞれ特徴ある絵で展開する。

『アジア・太平洋の楽しいお話　ライオンとやぎ』（アジア・太平洋地域共同出版計画会議・企画、ユネスコ・アジア文化センター・編、駒田和・訳、こぐま社）には、ベトナムの話が二編収録されているが「ひよこときつね」が、「猿蟹合戦」と共通する話の運びで面白い。

ははどりをきつねにさらわれた五羽のひよこが、それぞれ棒を持って助けに行く。途中で出会った、すずめばち、うなぎが持ち前の特色を生かした活躍で、見事、ははどりを奪い返すというものであるが、命乞いをするきつねを許さず、ぶちのめし殺してしまうひよこたちのたくましさにも昔話独得の語りが生きている。

『子どもに語るアジアの昔話　1・2』（アジア地域共同出版計画会議・企画、松岡享子・訳、こぐま社）にもベトナムの話がとりあげられている。

「カオ兄弟の物語」（ホアン・ゴック・ビエン再話、グエン・ティホップ画）は、フン・ヴン王の御代、北ベトナム高地に住む兄弟が同じ娘を愛したことで起こる悲劇を物語る。

瓜二つの美しい顔立ちと優しい気持ちの兄弟。そして兄の嫁になったスワン・フーも美しく心優しい女性。共に相手を思いやる気持ちから家を出て悲しみの旅を続けることになる。弟カオ・ラングは小さな流れの岸で力尽きて倒れるが、愛する家族のために自らを犠牲にしたその心根故に純白の石灰岩に。兄カオ・タンも弟を探す旅の終わりに辿りついた純白の石灰岩に身を横たえて息絶える。彼の体は高いビンロウの木に。スワン・フーも不思議な力に導かれて、同じ場所で命絶えたが、ビンロウの木に巻きつくキンマの蔦となり、夫に寄り添うことができた。

白い岩と、ビンロウと、キンマと、そのそばを流れる川の悲しい物語を、この地を旅して聞いたフン・ヴン王は深く心を動かされ、キンマの葉とビンロウの実を採って口に入れた。するとこの二つは混じり合ってえも言われぬ良い味がした。それを白い岩にはき出すと岩は美しい朱色（忠実な愛の色）に変わった。このときから王は、ビンロウとキンマと石灰を結婚式に用いるよう命令し、この風習は今日に至るまで守られているという伝説に近い話である。

見目麗しく心根優しい若者たちが辿る運命の悲劇が結婚式を彩るというのは、なかなか味わい深いものがある。この話、ぜひアーさんに確かめてみたかったものである。

「大うそつき」（グエン・バン・イ再話、グエン・ティ・ホップ画）は、人をたぶらかすのが何より好きな男の子が主人公である。彼は両親が死んで親代わりになって面倒を見てくれるおじおばに対しても命にかかわるような話を仕立てて、怒りを買う。籠に押し込まれて川に投げ込まれようかというときの彼の最後の頼みは、「家の中の米かごの後ろに『うそのつきかた』という本を隠してあるので、それを地獄で読みたい」というものであった。

おじたちがその本を探しに帰ったすきに、通りかかった目の見えない男を呼び止め、目が見えるようになりたいなら、籠のふたを開ければ教えてあげると、またもや大嘘で三人共にたぶらかす。ところが、川のそばの竹やぶに逃げ込んだ男の子は、なんと金のいっぱい詰まった壺を見つけて大金持ちになる。その後彼はおじ・おばの計らいで村の娘と結婚し、しばらく万事うまくいきそうであったが、二人が亡くなった後にすぐ本性が現れる。

ある日、トラの子を捕まえて前足を折るが、親トラが小さな木の根元に運び、その葉を口の中で嚙み砕いてから子どもたちの足につけてやると、いっぺんでよくなる様子を見た。男はその木を掘り起こして家に持ち帰り、バニヤンと名付ける。妻にはこの木は神の授かりものだと告げるが、妻は夫が次第に自分よりも木を大事にするのに腹を立て、鬱憤晴らしに木の根っこにごみをぶちまける。と、突然バニヤンの木が揺れはじめ、地面から抜け出て空に舞い上がる。あわてたうそつき男が根にしがみつくと、バニヤンの木は空高く月まで上がり、男は以来ずっと木に留まることになる。空が澄んで満月の明るい夜には、バニヤンの木とその根もとに坐っている男の姿がよく見えるという。

しかし、なにもお月様にうそつきを住まわせなくてもよいのではと思わせる、なんとも手の込んだベトナムの昔話である。

国立国会図書館・国際子ども図書館で定期刊行している『**国際子ども図書館の窓**』11号で、たまたまベトナム文学翻訳者・加藤栄氏による「ベトナムの児童書事情」の記事を見つけた。その中で興味深かったのは「ベトナムの児童文学に描かれた子ども像」の記述であった。

――ベトナムには「一に妖怪、二に幽霊、三に小中高校生」という言い方がある。これはベトナム人が怖いと思うものを順に並べた言い回しで、日本の「地震・雷・火事・親父」にあたる。三番目に小中高生が入っているのは、子どもというのは無垢で純心な反面、社会的ルールに反する行動をとることもある厄介な存在でもあるからだ。このような両義性を持つ存在としての子ども像がベトナムの児童文学に描かれるようになったのは、さほど遠い昔の話ではない。ベトナム戦争中から戦後にかけて、児童文学は成人文学と同様、民族独立と社会主義国家建設に奉仕するものとして位置づけられた。社会の主役は勤労大衆であり、作家たちは農村や解放区に入って現実を学びそれを作品化することが求められた。この時期に書かれた作品の主なテーマは戦争で、そこに描かれたのは、本来の年齢よりも成熟し、大人の手となり足となって健気に奮闘する子ども像である。時には死をも恐れず戦う勇敢な子どもたちは、国家が求める理想の子ども像だった――

日本の怖いもの順の三にあたる「親父」については、とうの昔に権威失墜しているが、三に小中高校生というベトナムの言い回しは、確かになかなか怖いものがある。

「一九五四年の出版当時から現在に至るまで息長く読み継がれている児童文学作品『コオロギ漂流記』は、ベトナムの子どもたちに馴染み深い虫たちを登場人物として世界平和を訴えた作品である」という紹介から探し出したのが、二〇〇七年に原題を変えて翻訳され

た『**コオロギ少年の大ぼうけん**』（トー・ホアイ・作、岡田真紀・訳、新科学出版）であった。

体の小さな末っ子コオロギの自立を描くが、同郷の弟分オケラとの友情、あまり賢くないヒキガエル大王や、強くて優しいカミキリムシとの出会い、世界平和主義を唱えるイナゴと親友になる過程で、「この世界に生きる者はすべて今後戦争をしてはならない」という生き物宣言も生まれる。旅の途中、広がる自然の風景の中で繰り広げられる友情・自立・そして世界平和へのメッセージ。いつの世にも通用する正統派児童文学作品と言えよう。

加藤栄さん翻訳のジュニア向き二作品との出会いもあった。一冊は戦争を知らない日本の若い読者にぜひ読んでもらいたいという訳者の思いを込めた作品『**ツバメ飛ぶ**』（グエン・チー・ファン・作、加藤栄・訳　廣中薫・絵、てらいんく）である。

ゲリラ隊員の兄とツバメ隊員の姉が目の前で惨殺された恨みを胸に、一四歳のクイもまた「ツバメ隊」に志願する。秘密のアジトで集団生活し、銃で武装し、政権側の要人を暗殺するテロ組織の任務を遂行することがすべてであるクイにとっての壮絶な日々。戦後の死に至る間際まで、主人公の癒しがたい傷跡を炙り出す。これは一九九〇年の「ベトナム作家協会賞」の受賞作品でもあり、日本では二〇〇二年に翻訳されている。

『つぶらな瞳』（グエン・ニャット・アィン・作、加藤栄・訳、てらいんく）は、ベトナムの人気作家の長編であるが、がらり表情を変えたジュニア向き純愛小説である。同じく一九九〇年の初版であるが、日本では二〇〇四年に翻訳出版されている。

舞台は南部解放（一九七五年）前のベトナム中部の貧しい村。幼馴染の少女ハー・ランに一途な思いを寄せるガンの純粋な恋心が、全編余すところなく描かれていて、同じ人間の悲劇であっても、ラブストーリーはどこかほっとする温かさに包まれる。

訳者の記事を見なければ、ベトナムのジュニア小説を読む機会もなかったであろうと、改めて旅の広がりを感じ、更にいろいろな本との出会いを期待する気持が高まっていく。

高校生ボランティアサークルが制作したベトナムの民話絵本

以前私の本を出版してくれた「かど創房」の門馬正毅さんに、ベトナムに行ってきたことを報告したところ、早速自社出版のベトナムの絵本を送ってくれた。

『イッイッイッ　たりないよ』（多摩高校日本語ボランティアサークル・企画構成・文・絵、かど創房）

天の神のところに食べては寝てばかりいる召使がいて、いくら好きなだけ食べさせても彼は「イッイッイッ　たりないよう」と食べつくす。

やむなく神様は下界の動物になって他のものに役立つようにと言う。すると召使は「なにもしないでも人間が食べ物を持ってきてくれる動物になりたい」と言うのだ。「そんな動物は豚だけだ」という言葉を耳にするや、「でも人間に食べられてしまうのだよ」という神様の後の言葉を聞く前に、召使はこれぞ自分にぴったりの動物と早合点して下界に飛び降りた。

最後に、豚の鳴き声を聞くといつも「イッイッイッ　たりないよ！」と叫んでいるだろうと読者に語りかけて幕となる。

ベトナム庶民にとって、豚の存在は日々の豊かな象徴であり、豚の貯金箱もポピュラーな存在であるという。そういえばベトナムの店に豚の貯金箱が置いてあったことなど思い出した。

しかし、私が一番興味を持ち、心に残ったのは、絵本を仕上げる過程の高校生たちの表情や、指導者を通しての人の輪の広がりである。多摩高校日本語ボランティアサークルは、一九九〇年にスタートしている。ベトナム、ラオス、カンボジアの子どもたちの勉強を見たり、いっしょに遊んだり、彼らの生活を援助するうちに外国人の人権についての学習を深めていったという。一九九二年に**『高校で考えた外国人の人権　ぼくらが訳した国連「移住労働者とその家族の権利条約」』**（神奈川県立多摩高校日本語ボランティアサークル・編、明石書店）という本も出版しているが、このことがベトナム民話絵本制作のきっかけになったようだ。

「ラオス、カンボジア、ベトナムの民話をお母さんたちに教えてもらい、それを書き取って、子どもたちに伝えられないか。日本語の中で暮らし、母国文化に触れる機会も少ない子どもたち世代と、母語の中で暮らす親の世代をつなぐ懸け橋になる」

高校生たちはまず子どもたちの母親から民話の聞き書きを始めようとした。しかし、子どもたちの母たちは、ベトナム戦争やカンボジア内戦の戦中戦後の混乱期を生きてきた世代である。彼女たち自身が民話を語り伝えてもらう機会がなかった。そこで範囲を広げて定住者の中で日本語の堪能な人に協力してもらうことになったが、学生たちの時間的制約もあり、この作業はなかなかはかどらなかった。しかし努力すれば思わぬ助けが現れるものである。ベトナム生まれで一九七一年に私費留学生として来日したダン・タン・フアットさんが協力してくれることになったのだ。

彼は日本で会社員として働く傍ら、一九七九年から難民の相談、日本語指導のボランティア活動に努めていた。一九九二年、神奈川インドシナ難民定住援助協会の仲立ちで、高校生たちはダンさんに日本語でベトナムの民話を教えてもらうことができた。ダンさんも自分の子ども世代にベトナムの民話を語り伝えたいと考えていたというから、これほど心強い協力者はいない。

絵本の試作段階で長野の「ベトナムに日本語教材を贈る会」代表、渡辺重昭さんの協力を得て「ドンホー版画」と呼ばれるベトナムの農村で作られている民画を参考にして完成させたという。

こうして生まれた民話絵本は、切り絵の黒い縁取りを生かした枠に、鮮やかな色彩が映えて、いかにもベトナム民話の雰囲気を醸している。改めて全国に広がるボランティア団体の存在と、そのつながりに教えられることがたくさんありそうだ。

図書館員の血が騒ぐ。

早速私もその輪の中で何ができるか考えたく、多摩高校日本語ボランティアサークルに問い合わせようと思った。同時に、たまたま高校生活最後の休みの期間を利用して、一人でフィリピンに出かけてボランティア活動に参加した孫の新菜にも、その動機を尋ねてみたところ、すぐにメールで返事が返ってきた。

ボランティア体験について

私がフィリピンに行こうと思った理由は、もともと国際協力に興味があったからです。その中でもストリートチルドレンや、スモーキーマウンテンで暮らす人たちのために、何かできることがないかと考えていました。なぜならば生まれた国や環境が違うだけで、こんなにも格差が生じてしまうことに、不公平感を覚えたからです。私は大学が早く決まったこともあり、時間的に余裕があったので、この時期を利用して自分にできることをしなければいけないと思いました。

そして二〇一二年二月九日から三週間、NPOの団体を通じてフィリピンに行くことを決めました。しかし最初、この団体のプロジェクト内容が、孤児院に暮らす子どもたちを支援することに重点が置かれていたことから、自分のやりたいことと若干趣旨がずれているのではないかという感じも受けました。なぜなら孤児院の子どもたちには少なくても衣食住が確保されており、なおかつ学校に通うこともできていたからです。その当時自分が協力したかったのは、その日の食事にも困っているような極限で暮らしている人々だったのです。正直行く前までは、孤児院の子どもたちは極貧の人たちに比べれば、随分恵まれているのではないかと思っていました。

しかし今回、発展途上国の現状を直接見てくるという目的を兼ねて行くのなら、今後の自分の活動につなげていくことができると思い、参加することにしました。考えるより行動あるのみと。

そして……三週間の活動を終えた後、私は孤児院の子どもたちと貧しい人々を比較して考えていたことを深く反省しました。

たとえ衣食住揃っていて学校に通えていても、彼らはそれぞれが複雑なバックグラウンドを抱えていたからです。それはけっして貧しさと比較できるような事情ではありませんでした。

　フィリピンは家族の絆を大事にする国で、親戚同士のつながりもとても深いそうです（実際自分の目で見てもそう感じることができました）。そのため、一般的にはどんなに貧しい家庭であっても子どもと過ごすことを最優先するそうです。その一方で、その孤児院にいる子どもの七割は、虐待を受けて施設に入っているということでした。虐待にもいろいろな種類があり、例えば貧しさがゆえに、子どもに食事を与えない、ネグレクトとなってしまうケースもあり、また親に暴力を振るわれて施設に入れられた子もいます。中には子どもを何人も孤児院に預けておきながら、新しく子どもをつくる親もいるそうです。

　私は三週間過ごした中で、子どもたちが駄々をこねて泣きわめいたり、私たちを困らせるようなことをしたり、子ども同士で喧嘩をしたりなどといった場面に一度も遭遇したことがありませんでした。一番親に甘えたいであろう時期に、ここで過ごさざるを得ない子どもたちですが、一般家庭の子どもに比べて甘えることを我慢したり、遠慮しているようにも見受けられたのです。それで、みんなしっかりしていてほんとうに偉いと感じる度に、無理して大人にならなければいけない環境に彼らが置かれていることを、どうしようもなく切なく、胸が痛くなってしまうことがありました。

このようにフィリピンでは、普通に日常を過ごしていれば考えられなかったことをたくさん考えさせられたし、感じないことをたくさん感じさせられました。特に子どもたちのバックグラウンドについては、考えれば考えるほど理解に苦しむことや、複雑な思いにとらわれることになり、どうしようもない気持ちになったとき、ボランティアを共にした仲間に心の内をすべて吐かせてもらったこともありました。

しかし、一方フィリピンでのボランティア生活は、楽しい思い出に満たされていたと言えます。

子どもたちが学校や幼稚園に行っている間は、現地の幼稚園建設作業に取り組みました。炎天下の中での作業は大変でしたが、みんなでワイワイ楽しみながら作業を進めることができました。メリエンダ（休憩時間）には、現地の人々が交代で差し入れをしてくれたおやつを、一緒においしくいただきながら、現地の方々との交流を深めることもできました。子どもたちとは、お絵かき、鬼ごっこ、折り紙、シャボン玉、塗り絵、お話をしたり、写真を撮ったり、果物をもぎ取って食べたり……ほんとうにいろいろな遊びをしました。たまたま節分の月でもあったので、みんなで日本の節分の行事を楽しんだりもしました。孤児院の敷地内には空手道場の設備もあり、稽古がある日は子どもたちの様子を見学させてもらいました。

日本人スタッフとの思い出もたくさんあります。夜遅くまで話をしたり、きれいな星空を眺めたり、誕生日の人がいればサプライズでお祝いをしたり、近くのマーケットに行ったり、一緒にお昼寝したり、フィリピンの都市に観光に行ったこともありました。毎日夜眠るまでみんなで一緒に過ごしていたので、日本に帰ってしばらくは、ずっと寂しさが残っていたものです。

子どもたちとも、日本人の仲間とも、現地の人とも、他にもここには書ききれないほどのたくさんの思い出があり、そのすべてが私の現在の財産になっています。

はじめは人のためになりたいという思いからボランティアに参加しました。しかしフィリピンではいっぱい笑って、泣いて、感じて、考えて、逆にこちらがたくさんの経験をさせてもらい、また成長させてもらいました。

……ボランティアってきっとそういうものなのだと思います。

これからも機会がある限り、積極的にボランティア活動に参加して、いろいろな経験を積みたいと思っています。そして何より、いつかもう一度フィリピンに行って、元気な子どもたちの笑顔に会いたいです。

山花新菜

ボランティア体験が自分の成長につながった過程をしっかりととらえた彼女のメールを読んで私は嬉しかった。孤児院の子どもたちを優しくとらえる目、美しい星空を仰いで語り合う若い命の躍動が眩しかった。

そう、ひっくりかえせば一八歳の私も負けてはいられない。ただちに行動開始である。

まず多摩高校に電話を入れたが、残念ながら一〇年前のサークル活動は現在途切れていた。しかし、代わりに、川崎市高津区にあるカソリック教会「ともしび」で行っている識字教育のボランティア活動を紹介してもらった。早速教えてもらった電話番号を回すと、代表者の高橋俊輔先生と直接お話しすることができた。そしてベトナムの若い人もそこで学んでいるということを知って、大いに心が動いた。何事にも興味津々、そしてせっかちの私なので、翌日雨にもめげず、南武線の溝の口下車一〇分ほどのところにある「高津カソリック教会」に出かけた。

識字教育ボランティア「ともしび」の活動

「暗いと不平を言うよりも、すすんで明かりをつけましょう」というのが「ともしび」の教えであるという。地域に公開されたカソリック教会の門を入ると、すぐ最初の部屋で机に向かっている人の姿をとらえることができた。そして、こちらに視線を向けたその体格のいい穏やかな風貌の方が高橋先生と直感、先生も私を待ち受けていてくださった。

　最初に紹介されたのは仏人ソニエ・リチャードさん（四一歳）である。今年一月七日に日本に来たばかりというが、どうやら日本語の会話が通じる。彼がリオのホテルで働いているときに出会った日本女性が現在の奥さんと聞いて、なるほどと納得したが、日本永住を決めたという彼にとっては、基本的な日本語習得は必須条件になろう。現在チラシ配布等のアルバイト生活で、四歳になるルカ君の保育園の送迎が彼の役目というから、おそらく奥さんがフルタイムで働いているのだろう。保育園では内気で引っ込み思案というルカ君だが、お相撲が大好きでいつも相手をさせられると語るリチャードさん。笑顔はすっかり日本のお父さんの表情で親しめた。

　高橋先生は、挨拶代わりに差し上げた私の絵本**『のはらののはらちゃん』**（山花郁子・作、日野多津子・絵、けやき書房）を早速教材に取り上げて下さった。ここで、そうだ、日本語教材になる絵本を選んで送ることもボランティア活動につながるのではと考えることができた。

　三四歳のカンテインさんは、ホーチミン生まれのベトナム人である。三歳の男の子と一歳の女の子の母親で、夫はＩＴ関係の会社員とか。昨年一月二日に来日したというが、英語でコミュニケーションを交わすことができる。目下日本での暮らしに問題はないが、物価が高いのが悩みという。彼女の世代では生まれる前のベトナム戦争の記憶は薄いが、しかしダイオキシンによる被害については、悲しい現実問題としてとらえている。では敵国であったアメリカについてはどう考えているのだろうか。

彼女がベトナムの観光会社に勤務していた当時、航空関係の仕事をしていたアメリカの友人からベトナム戦争のダイオキシン被害について語ってもらったという。最初、彼女と同年配のアメリカ人だと思ったのであるが、ベトナム戦争に参加した年輩のアメリカ人と聞いて、私は大いに興味をそそられた。同時に、彼の語りに私なりの想像力を広げてみた。彼は自国の軍隊がばら撒いたダイオキシンの悲劇も意識して、あえてベトナムの若い友人に語りかけたのではないか。戦争の悲劇を絶対に繰り返してはならぬという思いがあって……。何事にも思い込みの強い私ではあるが、そうあってほしいと思うから、そんな場面を思い描く。

同じくベトナム人で、ベトナム中部フエ出身のチュオンさんは婚約者と一緒に並んで勉強していた。高橋先生によれば、トップ企業のＩＴ関係の会社勤務のチュオンさんは、現地の会社から派遣の形で来日したエリートであるという。既にベトナムで一年間日本語の研修を積んできたチュオンさんの会話は流暢で、時折婚約者に通訳する様子が微笑ましい。

　彼の夢はコンピューターを通して祖国と日本の橋渡しをすることだという。一九八三年生まれの彼にはベトナム戦争の暗い影は微塵もない。チュオンさんによれば、祖父はベトナム戦争でアメリカ軍隊に参加した兵士であり、現在は祖母と共にアメリカで暮らしているので、むしろ彼にとってのアメリカは親しい大好きな国だという。彼が生まれたのは、ベトナム戦争終結八年後である。

　今一番人生の幸せをかみしめているようなチュオンさんと婚約者を好もしく眺めながら、六七年を経過した日本の、戦争を知らない若者たちの表情に重ねてみる。では私自身のベトナム戦争の記憶は？

ベトナム戦争の記憶

　一九六四年から一九七五年まで続いたベトナム戦争の期間、私は新設された調布市図書館司書として児童室を担当し、学校図書館との連携や、地域親子読書の組織づくりと共に、子どもの読書活動の主流をなした「読みきかせ」の実践に励んでいた。また全国的に図書館建設の機運が高まる中、とりわけ児童室の運営について海外の実践的活動に学ぶべく、一九七一年、ソビエトの公共図書館を訪問した。翌一九七二年にアメリカ・カナダの児童室を見学。一九七四年にはウイーンで開催された「第五回国際読書学会」会議に参加した。このときにはドイツの児童文学作家やフランスの図書館員との交流も生まれ、この時期は専ら欧米の図書館活動に注目し、研修を積み重ねていた。当時の私にとってベトナム戦争は遠い世界のことでしかなかったのである。

私がようやくベトナム戦争の悲惨な実態を知ったのは、一九七五年にベトナム戦争が一応の終結を見た後に次々と出版された書物を通してであった。

当時、絵本の『**ベトちゃんドクちゃんからのてがみ**』と共に、中学年の子どもたちに紹介した本に『**ベトナムのダーちゃん**』(早乙女勝元・作、遠藤てるよ・絵、童心社)がある。

米軍による村民虐殺事件で母を殺された一一歳の戦争孤児、ダーちゃんを通して、残虐なベトナム戦争の事実が明かされる。続編『**がんばれダーちゃん**』(早乙女勝元・作、遠藤てるよ・絵、童心社)『**ダーちゃんはいま**』と共に、一九九四年には映画化もされた。

早乙女勝元さんは二〇〇六年にも、『**写真絵本　物語ベトナムに生きて**』三部作として『**枯葉剤とガーちゃん**』『**戦争孤児のダーちゃん**』『**ナパーム弾とキムちゃん**』(早乙女勝元作、

草の根出版会）を書かれている。『枯葉剤とガーちゃん』の主人公、一二歳の少女ガーちゃんと早乙女さんとの出会いは、二〇〇四年、ベトナム反戦女性活動家の一人であった「故櫛田ふきさんを偲ぶ会」の席上であった。ガーちゃんは戦争とは直接かかわりのなかった世代であるが、枯葉剤に起因する先天障害で、顔から全身に豹のような痣がある。ハノイにあるリハビリ施設「平和村」から治療を受けるために日本に招かれた彼女と初めて会った早乙女さんは、治療後「平和村」に帰ったガーちゃんと再会する。そして、帰国後、ベトナム戦争の未来世代に及ぶ被害の恐ろしさを写真と共に伝えるのであるが、自分と同じように枯葉剤の影響を受けた人々を助けるために医者を志すガーちゃんの表情の明るさに胸打たれる。巻末にベトちゃん、ドクちゃんのことにも触れており、あらためて戦争の後遺症——ダイオキシン被害の凄まじさにたじろぐが、ガーちゃんの笑顔に励まされる写真集である。

『戦争孤児のダーちゃん』は、一六年ぶりで再会した主人公のその後が写真と共に語られる。現在病院の医師助手として働き、三人の母親になったダーちゃんの大人の表情が素敵だ。苦しみを乗り越え、自分の手と足でしっかりと生活を築く健やかな姿に嬉しくなる。

『ナパーム弾とキムちゃん』は、一九七三年度ピューリッツァー賞の写真「戦争の恐怖」（ベトナム人カメラマン、フイン・コン・ウト）で発表された少女の成長物語である。ナパーム弾による火焰で衣類を焼かれ、裸で両手を広げて泣きながら走る中央の少女キムちゃん。片目を失ったキムちゃんの兄と小さな弟、そして二人のいとこも一緒に泣き叫びながら逃げ惑う悲劇の、決定的瞬間をとらえた写真は衝撃的で記憶に新しい。早乙女さんは、当時九歳だったキムちゃんが自ら残酷なケロイドの傷を証言に、「戦争のない世界を子どもたちに」をテーマに活動する姿を追っていく。講演するキムさんの姿をとらえたカラー写真が堂々として美しく、生きてあることの素晴らしさをしっかり伝えてくれている。

東京大空襲の記録と共に、ベトナムに生きる三人の少女たちの逞しく美しい生き方を改めて三部作にして、戦争と平和を語り伝える早乙女さんの仕事もまた素晴らしく敬意を表する。

ノンフィクション作品は常に対象と取り組む作者の姿勢が問われる。

『あの日、ベトナムに枯葉剤がふった』（大石芳野・作／写真、くもん出版）は、ベトナム戦争の犠牲者の生の声を写真と共に記録したノンフィクションであるが、実は私が最も心ひかれたのは、一九六六年当時大学生であった作者とベトナムの学生との対話を記したあとがきである。

「もっと勉強がしたい、戦場に行くなんていやだ、日本は平和でいい、何よりも自分の意思をだいじにできるから」と言う学生たち。何か手伝えることはないか？という作者の問いかけに、学生たちは静かな表情で語る。

「ありがとう。あなたのその気持ちはとてもうれしい。でもベトナムのことは、ベトナムにまかせてください。あなたは日本のことを真剣に考えて、平和を大事に育ててください。それが、結局は私たちベトナム人を手伝うことになるのです」

きっぱり軌道軸を定めた生き方を示す、素晴らしいコトバである。また、水牛にまたがり、明るい笑顔を向ける少年をとらえた表紙の写真に、過酷な取材活動の過程で作者が希求する「平和」の表情が生まれている。

新装版の絵本に**『母さんはおるす』**（グエン・ティ・作、高野功・訳、いわさきちひろ・絵、新日本出版社）がある。初版はアメリカ軍による北ベトナムへの無差別爆撃が繰り返される一九七二年に出版された。南ベトナム、ハウ川のほとりのタム・ガイ村に住む母と子の絵物語である。

　主人公の少女ベーは、銃を担いで戦場であるバー・ミー教会に出かけていくお母さんの代わりになって幼い姉弟の世話をする。たまに帰ってきても、ゲリラ隊のお姉さんと一緒に小舟を漕いで杭にお土産を括り付けてまたすぐ出かけて行ってしまうお母さん。でも高いヤシの木に登って、てっぺんから遠くの方を眺めることができれば、家にいない母さんも近くにいるように感じられるのだ。

「アメリカをみつけてうちやぶろう！」ベーは、ゲリラ隊のお姉さんが教えてくれたスローガンを、本物の先生になったつもりで、小さな生徒たちに教え込む。

　過酷な時代に生きるベトナムの子どもたちの姿が、独特の愛らしい表情で描かれていることに、かえって胸痛むのであるが、大好きなお母さんを信じる子どもたちは、きっといつも明るく振る舞えるのであろう。

　タム・ガイ村はベトナム戦争当時、南ベトナム解放民族戦線の拠点になっていた村の一つで、登場人物はすべて実在した人たちであるという。戦いに行っていつも留守をしているお母さん、グエン・ティ・ウットさんは解放戦線の英雄的戦士だった。作者のグエン・ティさんは、一九六八年の南ベトナム解放民族戦線によるサイゴン総攻撃の中で犠牲になったと伝えられているが、実在した子どもたちのその後の生き方をぜひ知りたい、無事に立派に成長している姿をとらえることができたら…ぜひそうあってほしいと願う。

私の中で遠ざかっていた「ベトナム戦争」の記憶は、ダイオキシン被害と福島原発の問題とが重なり、最重要テーマになった。今一番関心を持たねばならないボランティア活動は、東日本大災害被災地の支援活動である。この思いはベトナムを旅したことでより強くなった。

実は今回の旅行の二ヵ月前に、私は「児童図書館研究会」主催の東京学習会に参加していた。ここ何年もご無沙汰していた会であるが、分科会の一つに「被災地の子どもたちへの支援」があったことと、末盛千枝子さんの講演「被災地に絵本を届ける三・一一絵本プロジェクトいわての活動」に心動いて出席を決めたのだった。

出版社「すえもりブックス」を閉鎖して、生まれ故郷岩手の地に移住されたことは伺っていたが、その後の末盛さんの活動に触れる機会もなく、ぜひ直接お話を伺いたいと思っていたのである。事故で半身不随になられたご長男と、脳溢血の後遺症から認知症になられたご主人の介護が欠かせない末盛さんが、盛岡市中央公民館を拠点にプロジェクトを立ち上げ、保育所・小学校・仮設住宅に絵本を届け、更に支援金で用意できた移動図書館「えほんカー」六台も各地をまわっているという話に、私は改めて末盛さんの力量と人間的魅力に心打たれた。

ところで旅行から帰って資料整理をする過程で「あるベトナム戦争」と題する小記事が末盛さんの講演資料に差し挟まれていたことに気付いた。これもベトナムを旅したことで素早く視野に飛び込んできた見出しである。ここで私は「ベトナム戦争」に参加しないためにもう二度と自分の祖国であるアメリカには帰らないと決心した金髪のポニーテールの学生が、末盛さんを訪ねてきたという事実を知る。

当時カルフォルニア在住の日本人絵本作家八島太郎さんの紹介で訪ねてきたという青年は、父親や友人たちへの別れの記念に、簡単な絵本を作りたいという希望を末盛さんに伝えたそうだ。

『マウンテン・コンバース（*Mountain Converse*）』と題した絵本は墨流しのような手法を用いた抽象的な画面に、陸地から離れた小さな島にいる兄妹の会話を手書きの文章で添えた一冊であったという。その時、一緒に尋ねてきた娘さんと北欧の国に行くということを話していたということから、カソリック教会「ともしび」で出会ったベトナムの青年と婚約者の表情を重ねてみた。沈痛な思いの青年にかいがいしく寄り添う娘さん。故国ベトナムでの活躍を夢見る青年に、幸せいっぱいの表情で寄り添う婚約者。時代が人の運命に大いにかかわるが、しかしまたいつも一人一人の選択がその後の人生を築くことにつながる。

そしてアメリカ青年の父親も絵本作家であったということを知って、また一つ、戦争に絡まる画家と戦争の話を思い出す。「ベトナム戦争」は次々に過去の記憶につながっていくのだった。

私が図書館員時代の大先輩、小河内芳子先生と公共図書館員仲間である澤田恭子さんと共に、「カナダ・アメリカ児童図書館見学」の旅に出たのは一九七二年のことである。考えると、ベトナム戦争が泥沼化していた時期に重なるのだが、私の頭の中は日本の児童図書館発展に寄与する研修を積むことでいっぱいだった。シカゴ、トロント、フィラデルフィア、ワシントン、ニューヨークの児童図書館を巡って一ヵ月後に帰国。この間の研修を三人でまとめて「日本図書館協会」発行の機関紙に発表した。それぞれ日常の仕事に追われる三人は、長野県聖高原にある小河内山荘に泊まり込んで原稿をまとめたのであるが、これを機縁に聖湖を挟んで反対地点にある土地に私も小さな山小屋を建てることになった。以来三〇年以上慣れ親しんだ土地であるが、昨年、急遽聖高原に定住する彫刻家の近くに引っ越すことになったのである。

きっかけは、村の公民館活動で知り合って友人になった彫刻家、新海秀さんの勧めであったこと、その場所が亡くなった小河内先生の家の近くであったこと、猿ケ番場峠という民話風な地名が気に入ったこと、小さいけれど何か懐かしい思いに駆られる雰囲気の小屋であったこと等々いろいろあるが、これはすべてが同類項の人の縁につながる引越しであった。

これまで使用していた山小屋も縁あって元図書館員が引き継いでくれることになり、引越し先の持ち主だった栗林さんは、信州上田の画家であるというように、懐かしいという思いは、それぞれの道のりがどこかで通じ合っていたからなのかもしれない。というのも栗林さんから頂いた自薦画集**『霧のかなた』**を、旅行後に出かけた山小屋で、改めて手に取ったとき、作者紹介欄でまた一つ「ベトナム戦争」とのつながりを見つけたからである。**『ベトナムの砦――一画家の見た感動の従軍記』**（栗林今朝男、光文社、品切）。出版年は一九六六年であるから、「ベトナム戦争」勃発後二年後に書かれたのであろう。一九二四年生まれの栗林さんは一九歳で志願兵として応召して、サイゴン上陸。一九四四年には少尉として中国・ベトナム国境警備隊長となる。敗戦後の一九四六年に復員、その後教職に就くと同時に画家としての道を歩むことになる。『ベトナムの砦――一画家の見た感動の従軍記』は、戦後二〇年を経て発表されたものだが、非情な戦場で体験し、目撃した残虐な事実をありのままに記すことが、あらたな戦

火に包まれたベトナムの平和への祈りにもなっている。
「何の憎しみも持たない者たちが、互いに命の奪い合いをするのである。討てばよろこび、討たれては悲しむ。そして次第に敵意が深まり、ついには八つ裂きにしてもあきたらない恨みと残虐性が培われてしまうのである」

　私の記憶の糸は、栗林さんの本を読みながらも次から次へと「ベトナム戦争」の記録に結びついていく。

『ネルソンさん、あなたは人を殺しましたか？』（アレン・ネルソン・作、講談社）も強烈な印象を受けた本である。

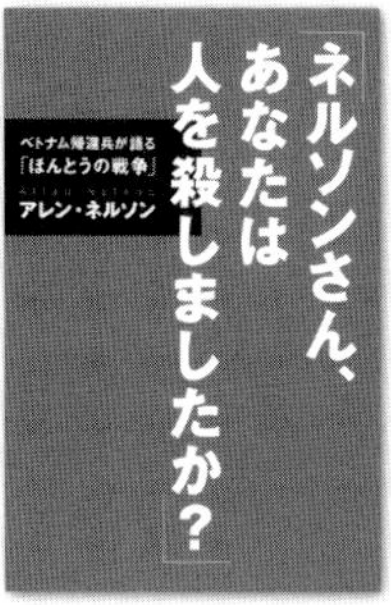

　著者はニューヨーク生まれのアフリカ系アメリカ人で、海兵隊員としてベトナム戦争に参加しており、前線で戦った無慈悲で残虐な戦闘のありのままが綴られている。この本を記すきっかけは、帰還後の戦争後遺症から立ち直ることができず、ホームレス生活をしていた彼を見かけて、呼び止めてくれた高校の同窓生ダイアンという女性との出会いであった。町の小学校教師である彼女は、生徒たちにベトナムでの戦争体験を話してくれないかとネルソンに依頼する。が、ベトナ

ムの村々を燃やしつくし、女・子ども・老人たちの断末魔の叫びが頭から離れず、毎夜悪夢にうなされる彼にとって、とても引き受けられることではなかった。しかしその後、ダイアンから送られてきた子どもたちの絵や手紙に接して、少しずつ彼の心境は変化した。そして遂に彼は戦争の愚かしさ、虚しさを、自らの体験を踏まえてしっかり子どもたちに語りかけることを決意する。

ダイアンが担当している四年生の子どもたちを前にして、彼は海兵隊に入ってベトナムに行ったこと、戦争というものがどんなに恐ろしいものであるか、莫大なお金がかかるか、酷暑のジャングルにうごめく虫の恐ろしさ、アメリカの兵隊が何万人も死んだこと、戦友が死ぬことがどんなにか悲しいことであるかを語った。しかし語りつつ、それはありきたりの表面的な体験談にすぎない……と、むしろ語ることで彼自身の苦悩は深まり苛立つ。

彼を見つめ真剣に話を聞いてくれた子どもたちから次々に質問があった。手を挙げた小柄な女の子の最後の発言が、いわば彼にとっての運命的な質問になったのである。

「ミスター・ネルソン。あなたは人を殺しましたか？」

「ＹＥＳ」と答えるまでの沈黙の葛藤。と、彼の腰に手を回し「かわいそうなミスター・ネルソン」と女の子は泣いて慰めてくれた。次々と彼に近寄って体を抱きしめてくれた子どもたちの情景は感動的なシーンであるが、私は何よりも教室の片隅で涙を拭う女教師ダイアンの教育者としての存在に心を打たれ感動した。

本の扉を開くことで、一人の記憶を共有することができる。今なお世界のどこかの国で戦争がおこり、戦火におびえ逃げ惑う子どもたちの姿が日々のニュースで伝えられている。どうしたらよいのかと心を痛めるだけでなく、過去の記憶を胸に刻み、現実から目を逸らさず考え続けること語りつづけることで、平和への歩みを確かなものにしたい。語り伝えることで、歴史の真実に目を開かされる。おのずから一人一人の役割も生まれてくるはずだ。

一八歳の新菜と共にしたベトナム旅行は、ベトナムという国から、関連する私の過去の記憶を次々に呼び覚まし、今現在の仕事の方向を大きく導いてくれることにつながっていく。

ベトナムに紙芝居の種をまいた友人たち

「ＫＡＭＩＳＩＢＡＩ」の歌
作詩作曲　ファム・トウィン

みんなあつまれ　元気にかけて
なかよくみようよ　はじまるよ　紙芝居
紙芝居　紙芝居　大好き紙芝居
紙芝居　紙芝居　たのしいな　紙芝居

おおきい　お空　ひろがる希望
なかよくみようよ　とびだすよ　紙芝居
紙芝居　紙芝居　大好き紙芝居
紙芝居　紙芝居　たのしいな　紙芝居

紙芝居　紙芝居　大好き紙芝居
紙芝居　紙芝居　たのしいな　紙芝居

「紙芝居」は、新しいベトナム語となり、幼稚園に行くと子どもたちが元気に歌う「ＫＡＭＩＳＩＢＡＩ」の声が聞こえてくるという。

私は、ベトナムの紙芝居普及について中心的な役割を果たした「童心社」編集部の日下部さんや、読書仲間である井出村由江さんに、初期の活動について聞いてみた。

紙芝居誕生のきっかけは一九九一年一〇月、ハノイで開催された「児童出版研修コース」（ユネスコ・アジア文化センター／キムドン社主催）の交流会であった。

日本の絵本作家田島征三さんの創作絵本の紹介が中心であったが、同行した絵本・紙芝居作家としても知られる松井紀子さんが、自作の紙芝居『おおきくおおきくなあれ』を演じたところ、児童図書専門出版社であるキムドン社のグエン・タン・ブー社長が非常に興味を示した。グエン・タン・ブー社長は「紙芝居」を新しい文化として位置づけ、ベトナムの作家による制

▲マイチャウ県の幼稚園児に紙芝居を見せる民族衣裳の先生。

作とベトナム全土への普及方針を図ったのだという。そして、同社長の熱意で早速「第一回紙芝居研修講座」が開設され、松井さんが講師役を務めた。ベトナム全土から集まった画家・編集者・出版社関係者三〇人の研修生は意欲的で、以後この講座は毎年継続されることになり、ベトナム独特の紙芝居作品が次々誕生した。

さらに日本の「ベトナムの紙芝居普及を支援する会」の努力により、「日本・ベトナム紙芝居交流の会」が発足し、一九九四年八月、ニャチャン市で「紙芝居フェスティバル」が開催された。日本から「ベトナムの紙芝居普及を支援する会」のメンバー一〇名が参加している。そして同会のカンパで、一八点の紙芝居が出版され、一三人の紙芝居作家が誕生した。キムドン社はこれらの紙芝居にビデオによる解説も加え、無料で全土の幼稚園に配布した。ベトナム文化省も動き出して、各地の教育委員会も積極的にかかわり、保育大学ではカリキュラムを組んで、紙芝居を取り入れる授業も工夫されるようになった。

紙芝居作家の中にはベトナム戦争帰還兵もいる。二六歳から一一年間、ベトナム解放戦士として戦い続け、三七歳になって絵筆を握ったというチョン・ヒェウさんは、頬と後頭部にテト攻勢の時に受けた深い傷跡が今も残る。高校卒業と同時に南ベトナム解放民族戦線に参加し、一七度線を越えたというター・チョン・チーさん。彼らの戦争体験から生まれた紙芝居には、平和への熱い思いが溢れているに違いない。

ベトナム戦争のとき、泣きやまない子どもたちに絵を描いてみせると泣き止んだという経験から、本格的に絵を描こうと思っていたという人や、紙芝居に出会って作家心に火がついたという五〇代の編集者もいるという（一九九四年九月一五日「朝日新聞」）。

翌一九九五年、「子ども文化研究所」が中心になって、グエン・タン・ブー社長と「紙芝居コンクール」で受賞した二人の作家を日本に招き、東京・大阪の各会場で受賞作が披露された。このとき大賞受賞のリエンさんの『のんびりぼうや』という作品が非常に好評を博した。「日本教育新聞」（一九九五年七月二七日）に作品のあらましが掲載されているので記しておきたい。

とっても暑いある日のこと。のんびり坊やがうちわであおぎながら歩いていると、向こうから金持ちがやってきた。金持ちはのんびり坊やのうちわが欲しくなり、

「ねえ、君、そのうちわと牛三頭、水牛九頭と交換してくれないか」と頼んだ。だけど、それを聞いたのんびり坊やは、「いやだよ」とそっぽを向いてしまった。

金持ちはどうしてもうちわがほしくて

「美味しい魚をたくさんではどうだい？」

なかなかうんといわない坊やに、金持ちは立派なタンスやベッド、子どもならだれでも

欲しがるきれいな鳥と、次から次へと「高級そうな」品をあげて交換条件をだす。そしてとうとう

「じゃあ、お腹いっぱいの赤飯は？」といった途端に、のんびり坊やは　にっこ　にこ。

二人はうちわと赤飯の取り換えっこで話がまとまった。

リエンさんは、ベトナム戦争に徴兵された兵士だった。地雷の埋まるメコン川のトンネルを潜り抜けやっとの思いで家族のもとに帰還できたリエンさん。平和を願うドキュメンタリーな手法もあろうが、なんとおおらかに、リエンさんならではの作品であろうと、私は大いに感激した。この作品は童心社の紙芝居**『たいせつなうちわ』**（ブイ・ドク・リエン・作、童心社）というタイトルで翻訳され、日本の子どもたちにも披露されているということを知って私は図書館に走った。

あった、あった。『たいせつなうちわ』と共に、先に記した二人の帰還兵の作品も手にすることができた。

共に、ベトナムの紙芝居を普及する会企画・童心社発行の紙芝居である。

『ぼく、スイカだいすき』（ター・チョン・チー・作）

かあさんが出かける前にスイカのおやつをティクちゃんにあげてから言った。

「食べ終わったら皮はごみばこにいれてね」

ところがすっかり約束を忘れたティクちゃん、食べては皮をポイと投げ捨て。窓の外を見てやっぱりスイカのお土産を持ってきてくれたおばあちゃんをみつけて走りだした。ところがおばあちゃんはティクちゃんが窓から投げ捨てたスイカの皮で、すってんころりん。持っていたスイカも割れてバラバラ。ティクちゃんはおばあちゃんにあやまって、すぐに割れたスイカを拾ってゴミ箱へ。そこで作者からのメッセージ。

「みなさん　やくそくしましょう。ごみは　ごみばこに　いれるって、ね」

シンプルな絵。いかにも幼児向き教訓話の一つであることにかえって心動かされる。あたりまえな話は、戦闘中にはけっして浮かばないであろうから。

『太陽はどこからでるの』（チョン・ヒェウ作）

みんなにあたたかい光をあたえてくれる真っ赤な太陽！　サルとカニとシカは、朝の光を楽しんでいた。

いつも海で砂をまるめ穴を掘ったりしているカニは「太陽は海から上がる」と言う。山や森の中で大きな木たちといっしょに暮らしているシカは、「太陽はいつも遠い山の向こうから出てくる」と言う。

木から木へ飛び移りながら暮らしているサルは、「絶対木の上からだ」と言う。そこで物知りのフクロウおじさんに聞きに行くことに。ところが答えは「うるさいねえ。太陽なんてそんなものみたことないよ。私が知っているのは真っ暗な夜だけ」

そこでサルの提案で、早起きの鶏のもとへ。

「ぼくははやおき。いちばんはやおき。太陽がのぼるときなくのさ。太陽のいえはひがし。だから太陽はひがしからやってくるのさ」

「そうか、太陽がのぼってきた海も山のむこうも木のうえも、みんなひがしだったんだ。太陽はひがしからでるんだ」

よろこぶ三びき。そして最後にメッセージ。

「さあ、みんな。あさはやくおきて　太陽がでるところをみてごらん。おおきなきれいな太陽が、でるところ、そこがひがしなんだよ」

赤と空色をバックにした画面に主人公たちの表情をくっきり描いた作者。ここにも、あたりまえのことでも、実は一人一人の立場に立てば、全く違った見方になるということについて考えさせられる。戦争の原因も見極めれば、なんと虚しい争いであったかとの深読みもできる。

小さな舞台と紙芝居と演じる人がいれば、それでOK！　開幕前に　♪KAMISIBAI♪　と、声をそろえて肩寄せ合うベトナムの子どもたちの平和な笑顔が目に映る。嬉しいことに、リエンさんは、共に元軍人だったという現在の奥さんと恋愛結婚で結ばれ、ホーチミン市で幸せに暮らしているという。あとでそのことを井出村さんから聞いたとき、私の知っているホーチミンの街の夕暮れに、寄り添って語り合う二人の姿を思い描いてみたりした。

自転車で紙芝居を運び、カチカチと拍子木を打ち鳴らして開演の準備をした日本のおじさんたち。子ども時代の路地裏文化の風景も懐かしく蘇る。

国際子ども図書館で、偶然リエンさんのペーパーバック作品も目にすることができたが、裏表紙に日本の人気漫画「どらえもん」の宣伝が出ていたので、加藤栄さんの「ベトナムの児童書事情」に載っていた「キムドン出版社」の話を思い出した。

ベトナムの児童書市場で大きなシェアを占めるキムドン出版社が、一九八六年、ドモイ政策以降、国家補助金が打ち切られた時に、存亡の危機を救ったのが「ドラえもん」の海賊版の大ヒットであったという。「ドラえもん」は、ベトナムの出版史上、未曽有の売り上げを記録し、これによりキムドン社は奇跡の復活を果たしたというから、「ドラえもん」は偉い！

カンボジアの地雷の村で「ひとりＮＧＯ活動」

東日本大震災被災地支援プロジェクトは、さまざまな形で展開されているが、現地に駆け付けて活動する若者たちの姿をとらえると、ほんとうに力強く嬉しくなる。私自身は所属する児童文学者協会の支援企画で、被災地の学校図書館に本を送ったり、呼びかけに応じてボランティア活動に協力しているが、自ら主体的に活動するエネルギーが不足しているのはいなめない。しかし、今回カンボジアに行ったことで、地雷撲滅キャンペーン活動の先頭に立って活躍された相馬雪香先生に叱咤激励されたような気がした。

そういえば、アンコールワットでバスを乗り降りするたびに、わあーと私たちを取り囲んで、手にした土産品を売り捌いていた子どもたちの表情が目に浮かぶ。中には学齢前かと思われる幼い子も交じっていた。カンボジアの学校制度はどうなっているのだろうと思っていたときに目についたノンフィクションがあった。

『地雷の村で「寺子屋」づくり――カンボジアひとりNGO・栗本英世の挑戦』（今関信子作、PHP）

高学年対象の作品であるが、読み進むうちに、個人のボランティア活動には圧倒されて、著者の今関信子さんに栗本さんのことを尋ねてみた。

一九五一年生まれの栗本さんは、滋賀県近江八幡市の出身。子ども時代貧しい家庭で育ったという栗本さんは、自身がキリスト教会によって力づけられたように、海外の貧しい人たちに希望の灯をともす伝道師の道を志す。神学校に入学後、冒険心旺盛な栗本さんは、中古バイクで、中国からシルクロードを突っ走り、ラオスに引き返すやタイに留まり、「タイ子どもの家」の活動に参加。三年後、カンボジアの中でも難民がたくさん流れ込んできたポイペットの町で学校に行け

ない貧しい子どもたちのために自力で「寺子屋」作りを開始する。以後、現地協力者と共に、問題を抱える村々に「寺子屋」を増設し、たくさんの子どもたちに学ぶ場を保障してきた。

二〇〇九年現在、二五校の「寺子屋」に、八〇〇〇人の生徒が学んでいるというが、何より心強いのは栗本さんを支える現地女性パートナーの存在であろう。

活動資金はどのようにしているのか。栗本さんは資金調達のために、時折日本に帰って肉体を酷使する「便利屋」もこなすというから凄い！　例えば「老人家庭の納屋・倉庫・庭の手入れ・買い物代行」「防音対策としてのペアガラス工事」「汲み取り便所を水洗トイレにする工事」「木戸をアルミサッシュに取り換える」「網戸の張り替え」「四月はじめ頃には西瓜屋さん」「九月は山梨の落ち桃の販売」「冬は焼き芋屋さん」「物干し竿の販売設置」等々。自ら体を動かして、なんと一ヵ月で一〇〇万単位の利益を上げたこともあるという。

講演活動やテレビ番組出演を通して知りあった協力者の資金援助も大きい。例えば広島県の女性から次のような手紙が届いた。

「私は長い間小学校の教師をしていました。今は定年退職していますが、毎月年金が入るので生活には困りません。退職金も手つかずで残っていますし、結婚しなかったので家族もなく使い道がありません。このまま死を迎えることはしたくありません。今日NHKの番組で、カンボジアで『寺子屋』を作っているという番組を見て連絡しました。カンボジアの子どもたちに学校を作ってあげたいと思います」

長野県のある会社からは「今期余剰利益が五〇〇〇万程度あり、このお金をカンボジアの人たちのために使ってください」という申し出があったという。

しかし、働き詰めの栗本さんは徐々に体調を崩し、日本での講演活動中に緊急入院という事態になった。それでもなんとか病を克服し、二〇〇七年には常に彼の仕事を支えてくれた女性とカンボジアで結婚式を挙げ、二〇一〇年にカンボジア国籍を取得したという。

私の脳裏にふと「人は事を運ぶが神は運を運ぶ」という諺が浮かんだのであるが、なんとそのとき、栗本さん自身の声が私の耳に届くというアクシデント！

実は「カンボジア子どもの家」日本版ニュースに、栗本さんの携帯電話の番号が載っていたので、まさかと思いつつかけてみたのだ。すると「はい、栗本です」というご本人の元気な声が聞こえてきた。たまたま五月に故郷滋賀に帰って来たところで、八月にはカンボジアに戻られるところという。びっくりすると同時に、早口でいくつかの質問をさせていただいた。そんな私に、栗本さんはゆっくり穏やかな口調で答えてくれた。何よりうれしく驚いたのは、体調を崩して入院したときに見つかった、頭部の癌細胞が今はすべて消え失せて元気であるという報告であった。

今回の帰国は奥さんであるペアさんのストレス性顔面神経痛の検査と治療が目的であるという。今のところ幸い痛みはとれたものの、これからまだ治療が長引きそうと伺い、胸が痛んだ。ペアさんという名前は日本語で「かわうそ」と教えてもらって、「えッ、あのイタチみたいなかわうそですか？」と驚くと、「そう、あのかわうそです。カンボジアには住民票といったものがなく、子ども時代のあだ名がそのまま名前になることがあるのですよ。でも彼女のお父さんがつけてくれた名前ですからね」と笑う栗本さん。

しかし、ペアさんは栗本さんとの歩みの中で、数々の心労が重なったに違いない。一日も早い回復を祈るばかりである。

日本の協力者の資金援助のことも聞いてみた。

広島の元女教師の寄付金は一五〇万であったという。この基金をもとにでき上がったのが「プールボンド小学校」である。プールというのは丘という意味とか。残念だったのは、開校式に招待したとき、先生は外出叶わぬ体調で、その後まもなく亡くなられたという。しかし、生涯独身だった広島の先生は、カンボジアの小さな村の丘にある小学校の子どもたちとしっかり手をつなぐことができたのだ。時々天国から降りてきて校庭で遊ぶ子どもたちの輪に入っているのかもしれない、と想像するだけで心がふっくらする。

一方、長野の企業家の五〇〇〇万円の寄付はお断りしたのだという。税金逃れであり、企業の宣伝効果を狙う寄付金は、真面目な活動を続けるスタッフたちにはマイナスになると確信しての決断だった。

現在は「スタディツアー」の運営で順調に活動資金が出ているという栗本さんの信念に満ちた言葉を、私は明るい心でしみじみと噛みしめてみることができて幸せであった。

お手本になる人がたくさんいるではないか。

カンボジア旅行を体験して

若い人といえば、アンコールワットで仲良しになった二人組からの記念写真が届いたのは、旅行後一ヵ月を過ぎた頃であった。そのあとに写真の入ったディスクの使い方も含めて、丁寧な手紙をいただいた。その後、私はこの二人、大木慎吾君と美濃口君とメールのやりとりをするようになった。大木君はカンボジア旅行の感想を次のように語ってくれた。

カンボジアの人々を見てまず思ったことは、「日本人に比べて生命力にあふれている」と感じたことだ。これは無論「体力が優れている」という意味ではない。

カンボジアの人々に比べ、我々日本人の生活は物質的に豊かである。平均的日本人であるならば、「今日をしのぐのに精一杯」という人はまれである。それに対し、カンボジアの人々は大半「今日をしのぐのに精一杯」であるように感じた。いわゆる「その日暮らし」というものに近いのだろうか。

私は湖の近くを通った時に水上生活者の人々を見た。ボートや筏を並べて、家代わりにしているらしいのだ。ガイドさんに「あの人たちは増水したらどうするのか」と聞くと、「その時はその時、先のことは考えていないよ」との返答を頂いた。

今日という日をどう暮らすかが第一目的であり、それ以上のことを考える余裕はないようだ。カンボジアでは、その日の暮らしに誰でも一生懸命働いていた。小学生くらいの少年少女も例外ではない。

一方日本人は、先のことを考えて生活することが普通である。一か月先まで予定が埋まっている人などザラにいるし、みな数十年先のことを考えて年金を払っている。これは日本人の生活が豊かであり、例外を除いては、その日その日のことを常に考えなくても困ることはないからである。つまりカンボジアの人々は「生きる」ということに必死であるから生命力に溢れているように感じられ、日本人は頑張らずと生きられるから、生命力が乏しく感じられたのだ。これは言い方を変えると、日本人が「生きる」ということに一生懸命でないともいえる。

生物としての生きる目的は、ダーウィンを引き合いに出すならば、種の繁栄こそが第一目的になるが、少子化がすすむ日本人にとっては、それすらもなおざりに扱っているということになる。つまり日本人にとっては、「今日という日を生きられる」ことは当たり前の事であり、特に苦心することではなくなってしまったのだ。その代わり今の日本人は「どうやって生きるか」には悩まず、一足飛びに「何のために生きるのか」ということに悩みがちである。

かくいう私の友人にも、数人そういった悩みを持つ者がいる。明確な目的もなく、生活するための金を稼ぐだけの日々に疑問を感じ「自分はこれでいいのだろうか」と思い悩んでしまうのだ。将来への不満というものは、誰しも持っていて当然のものだと思うが、度が過ぎればそれは病気と呼ばれる程になってしまう。こんな話はカンボジアの人々からすれば、贅沢な悩みに感じられるだろうが、人は常に上を求めるもので、命に対する余裕がある日本人の若者としてみれば、こういったことはごく普通の悩みなのだ。

しかし、そういった考え方は、生物として贅沢な悩みだ。例えるなら、ペットとして買われた動物が安全な環境で育つことにより、肥え太るようなものだ。

カンボジア旅行を経験して、「どうやって生きるか」に悩む人たち。「なんのために生きるか」に悩む人たち。どちらが良いということはないが、少なくとも現代日本人が忘れてしまった、生物として根底にある悩みを、カンボジアの人たちは持っているのであろう。

私は机の上で悩みを抱えている人こそ、カンボジアへ行くことをお勧めしたい。生身の人間として「生きる」ということの意味をみつめなおしてみる良い機会になるだろう。

大木慎吾

読みながら思い出した。大木君たちが、発車寸前のバスの入口に近寄る少女たちからミサンガを買ってあげていたシーンである。「だれのお土産かな」と微笑ましくとらえていたが、そうか、「買ってあげなければという思いだったのよね」と、改めて彼らの優しさが嬉しく感じられた。自らの経験を踏まえてのカンボジア旅行を薦める大木君。私も、人生の道のりをより豊かにする旅の経験を、とりわけボランティア活動に生かせる若い人々に大いに薦めたいと思う。

しかしおかしかったのは「その時はその時、先の事は考えないよ」という、通訳ボンさん持ち前のぶっきらぼうな口調だ。その表情は一緒に聞いたものでしかわからないおかしさだ。しかしまた、行動を共にしてふと垣間見る優しさや生真面目さなども、カンボジアで生まれ育ったボンさん特有なものである。投げやりと見られる答えに、実はカンボジア育ちのボンさんの真実がある。その土地で関わる人の表情も含めて、旅は有益で楽しい。そしていつも前向きにとらえるならば、明日につながる希望の光が見えてくるものである。

そう、私も若い人たちにカンボジアを訪れてほしいと思うのだ。

大地に立つ足を奪われた子どもたちの悲惨な実態をカメラで追いながら、将来の夢を語る子どもたちの瞳の輝きを見失わないのが**『悪魔の兵器・地雷』**（名倉睦生・文、小林正典・写真、ポプラ社）である。

「曹洞宗国際ボランティア会」の組織を通して活動する著者の文に、フォトジャーナリストの写真が際立ち、地雷の中に生きるカンボジアの子どもたちの実態に迫る。

教育こそ「緊急支援」と、カンボジア語に翻訳した絵本の移動図書館を通しての読みきかせ・紙芝居の実演等、とりわけ私には嬉しい活動であるが、改めてボランティア活動の道しるべともなる一冊でもある。

一冊の絵本から世界をひろげる

ベトナム・カンボジアの旅を終えて、早速地域の幼児サークル対象の読書活動、武蔵野市小学校三年生読書動機づけ指導、養護施設のボランティア活動の他、新しく地域の公民館で立ち上げる「親子でカルタ遊びを楽しむ会」の企画打ち合わせなど、忙しい日常活動が始まった。

小学校ではいつものように「詩」の朗読に力を入れているが、今年絵本の紹介で私が最も力を入れたのは**『わたしのとくべつな場所』**（パトリシア・マキサック・文、ジェリー・ピンクニー・絵、藤原宏之・訳、新日本出版社）である。

「どんなことがあっても胸をはって歩くんだよ」というおばあちゃんの言葉を背に、どこよりも大好きな場所を目指す少女。途中何度も人種差別の屈辱に立ちすくむが、とうとう彼女の特別な場所・希望の建物に足を踏み入れることができた。少女が見上げる正面入り口の大理石に刻まれた文字は「公共図書館　だれでも自由に入ることができます」。

テネシー州ナッシュビルで育った著者の体験から生まれた物語であるが、一九五〇年代の黒人差別の実態に改めて驚かされる。当時バスの座席も黒人は後方に決められており、ホテル、レストラン、教会、遊園地等すべてジム・クロー法という法律によって人種差別されていたというが、マーチン・ルーサー・キング牧師による人種差別撤廃運動に引き継がれてからも、自由への道は更に困難をきわめていたのである。

一九六三年、キング牧師はノーベル平和賞を受賞したにもかかわらず、一九六七年、「ベトナム反戦運動への参加」を表明したことで、翌一九六八年四月に暗殺の悲劇に見舞われる。ここでも一冊の絵本から私は「ベトナム戦争」につながるキーワードを手繰り寄せ、「ベトナム戦争に巨額な税金が使われていることを指弾し、その金は貧しい人間の福利厚生に使われるべきだ」というキング牧師の運動があったことを初めて知った次第である。「I have Dream Today」というキング牧師の言葉はいまも私の胸に刻まれている。また、初のアメリカ大統領になった黒人オバマ氏の「チェンジ」という言葉は、いかにも新鮮で強烈な印象だった。

さて子どもたちにとっての「とくべつな場所」とはどんなところなのであろうか、興味がある。

「あなたたちにとっての特別な場所は？」

すぐに手を上げる子どもたちは明るい表情で「ベッドの下」「秘密基地」とか、一人で自由に振る舞える場所を上げるが、中に「木の上に登ってお日様が沈むのを眺められる野原」というなかなかロマンチックな場所を発表する子もいた。無邪気な三年生の表情をとらえながら、ふと今なお世界のどこかで戦火におびえ逃げ惑う子どもたちの表情を重ねてみる。そしていつも考える。「読書を通して語り継いでいくことも私の大切な役目である」と。

私は毎年、武蔵野市子ども文芸賞応募作品の選定委員を努めているが、ふと小学校二年生の作品で印象に残っている読書感想文が頭に浮かんだ。

『ぼくがラーメンをたべているとき』（長谷川義史・作・絵、教育画劇）

二年　坂東祐介

この本を読んで、ぼくは、気がついたことがある。それは、ぼくがしらないところで、ぼくがそうぞうもしたことがないようなことがおきていたということだ。

そういえば、ようちえんのときに先生が、

「ごはんをのこさないようにね。食べられない子どもたちもいるのよ」

といっていた。ぼくはおなかがすいてしにそうになったことがないから、ふかくその子たちのきもちはわからないけれど、つらいだろうとおもう。でも、そんなおもいをしている子どもたちがいることをわすれていた。この本をよんでおもいだした。
そしてぼくもかんがえてみた。ぼくが本を読んでいるとき、おとうとはあそんでいる。ママがおかたづけをしているしパパはかいしゃにいる。とおくにいるおじいちゃんはテレビでニュースを見ているとおもう。
その時ほかのくにではなにがおこっているのだろう。せんそうしているくにもあるらしい。みんな同じ時間なのに、同じ日、同じ太陽、同じ風がふいているのにかんじていることはちがう。なんだかふしぎなきもちがする。うまくせつめいできない。しばらくしてからもういちど読んでみたいとおもう。そのときにはふしぎなきもちがせつめいできるかもしれない。

一冊の絵本から、素直にひきだされる子どもの言葉が心にとどく。

読書感想文はけっして無理に書かせるものではないが、毎年小学校から中学校までの作品に目を通しながら、読んで書くにいたる心の動きを、自分の言葉でまとめる「読書」の素晴らしさを改めて認識する。

そう、じっとしていてはつながらない。さあ、また図書館に走ろう。そしてまずはカンボジア関係の本を探すことにしよう。

『アジアの昔話 4』（アジア地域共同出版計画会議・企画、ユネスコ・アジア文化センター・編、松岡享子・訳、福音館）

一九七五年から八一年にかけて全六巻にまとめて出版された一冊であるが、表紙を含めて各国の物語を彩る四色刷りの挿絵も楽しめるシリーズになっている。

カンボジアの標題作は「うさぎ判事」である。

――突拍子もないことをしでかすのが大好きな事件屋だが、ときには裁判官の役もはたし、知恵のある正しい捌きもするので、みんなから「うさぎ判事」とよばれていたうさぎ。

ある日いつも自分の住み家の道を通り抜けていくバナナ売りの女をだまして、地面に死んだふりをして横たわる。兎鍋ができると喜んだ女は、兎をつかみあげると、バナナの籠に

入れて歩き出す。

家に帰って籠を頭から降ろした途端、飛び逃げたうさぎ。皮だけになっていたバナナを見て、驚いた女がいう。

「さては、あれはうさぎ判事だったんだ！」

一計を案じまんまと人を騙す、トリックスターとしてのう

さぎは昔話のお馴染みの主人公である。

『カンボジアの民話世界』（高橋宏明・編訳、めこん）

「動物の物語」「動物と人間の物語」「人間の物語」と三部に分けて一一話編集されているが、各話に付記される著者の丁寧な解題や注釈の部分が、カンボジア民話の味を際立てる。

例えば「動物と民話」（六篇）の最初の一話「村の水牛と森の水牛」には、早速トリックスターの兎が登場して親しい二頭の水牛を仲たがいさせるが、カンボジアで「チュートンサイ」（兎の病気）といえば「仮病をつかう」意味であるという解説で得る知識が、なかなかに面白い。

本書は一九二一年から採集・編纂が開始され、一九五九年から一九七一年にかけて全九巻が出版された『クメール民話集』から選んで編集されたものであり、いずれも現代カンボジアに普及され親しまれている話をとりあげているが、民話の独自性は常に人間の生活の根っこをおさえて世界共通の話につながっていくものだ。

「動物と人間の物語」（二編）のうち「男が結婚を申し込む」にもうさぎの裁判官が登場する。弱者である男を助けるために、自ら知恵を駆使して強欲な人間の裁判官の下した判決を論破した上、人間に対して法の尊守を説くといううさぎ裁判官であるから、まさにカンボジア民話の主役級を担う兎の面目躍如である。

——民話の中の強者が弱者に求める賄賂は、しばしば食べ物であることが多い。見返りとして要求されるのが、「食べ物」であるのは、支配者にとっても、農民にとっても、「食べ物」が基調だからなのであろう。全近代カンボジアの農村社会における食糧事情の深刻さがうかがえる。

という解題を読んでベトナムの紙芝居『たいせつなうちわ』と重ねてみたりした。しかし「人間のものがたり」(三話)の中、「女の世渡り」に登場する女性のしたたかな生き方には、呆れはてるのであるが、解題で納得させられる。

——前近代のカンボジアは、理不尽な社会であり、こうした時代を生き抜くためには「才知」と「機略」を持って困難に立ち向かい、自力で生き抜くより他ない。このような女性像は、当時の農民の置かれていた状況を反映させている。

なお本書のまとめとなる「カンボジアの民話世界とクメール人の世界観」については、一、カンボジア近代史と民話の「発見」 二、フランス植民地期以前のカンボジア社会と民話の世界 三、クメール人の空間意識 等々、著者のカンボジア地域研究を通して学ぶことができる。

さて、カンボジアの老人たちから聞き書きしたむかし話をもとに創作した日本の絵本があるが、題名通り『うさぎ判事』そっくりの騒ぎを起こしている。

『いたずらうさぎ　チュローチュ』（たじまゆきひこ・作、童心社）

チュローチュは、毎日おじいさんとおばあさんの畑で、バナナをとって食べていた。たまりかねたおじいさんは、ある日、うさぎとりの罠を仕掛けた。翌日罠にかかったうさぎを見つけて、おじいさんおばあさんは大喜び。市場にうさぎとバナナを売りに行くことにしたが、道々チュローチュはおばあさんの頭に載った籠のバナナを全部食べてしまい、地面にどすーん。バナナの皮でおばあさんはすってんころり。おじいさんが投げつけた木切れで足をけがするが、川の岸辺に逃げついた。ここから川に住む大鰐とチュローチュの騙し合いとなるが、ここは民話の定石で、知恵者のうさぎの勝利。最後に動作は鈍いがゆったりやさしい山羊と出会って、仲良く暮らすというお話。大鰐が登場する場面は見開き一杯、作者の染織の技法

が見事に生かされている。

カンボジアに関する子どもの本をできるだけ集めてみたが、昔話以外はいずれも戦争に翻弄された子どもたちの現実を描いたものであり、改めてカンボジアの暗黒の歴史に心が痛む。

肩からずれるシャツ一枚の姿。両手を口元に合わせて、頼りなげな視線でたたずむ小さな女の子。表紙絵の女の子の寂しげな表情が気になる絵本が『**ちいさなチャンタラ**』（女子パウロ会・文、狩野富貴子・絵、女子パウロ会）であった。

タイ難民キャンプでボランティア活動に励む学生タカさんと、目の前で両親を虐殺され、カンボジアから逃れてきた三歳のチャンタラとのひとときの触れ合いを細やかな視線でとらえている。

『**左手がなくてもぼくは負けない！　カンボジア、地雷と子どもたち**』（高橋うらら・文、学研）は、地雷の被害で左手を失ったカンボジア少年の悲劇を追うが、同時に戦争と平和について、日本からの支援や自分にできることは何かを考えさせてくれる高学年向きノンフイクションである。

上半身裸で右手に小型ラジオを持つ少年の表紙絵は、やはり左手首から先がない腕に視線があたりドキリとする。しかし主人公の明るい笑顔に物語の希望が生まれている。

一章で、くさむらで拾った地雷で遊び、左手を失った一〇歳のブンヘインくんの悲劇を。二章では地雷撤去運動の実態をカラー写真で紹介。三章ではフランスの植民地時代から太平洋戦争、ベトナム戦争激化によるアメリカ軍のカンボジア攻撃、引き続く内戦、特にポルポト派の想像を絶する虐殺に至るカンボジアの悲しい歴史を。四章では日本のＮＧＯ「カンボジア地雷撤去キャンペーン（ＣＭＣ）」の現地駐在員としてバッタンバンに派遣された古川純平さんを中心に広がる支援活動を。そして最後の五章では、事故から一年半後、国際赤十字・バッタンバン義手センターで性能の良い義手を得たブンヘインくんの明るい表情を紹介する。

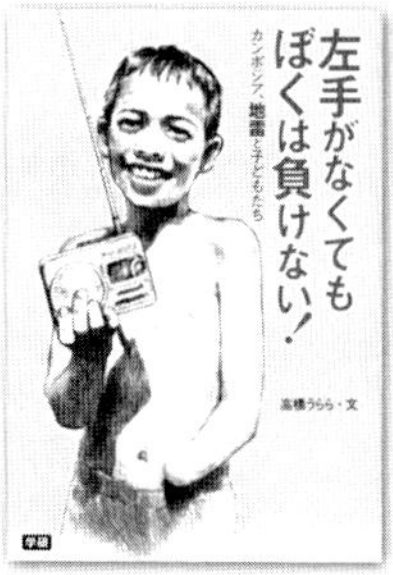

表紙の少年は「ボイス・オブ・ハート（心の声）」というカンボジア国内のラジオ番組に出演して地雷の恐ろしさを伝え、被害者を励ますブンヘインくんなのである。

日本の子どもたちの応援に応える、カンボジアの子どもたちが描いた絵もあって、元気の出る物語になっているのが嬉しい。

過酷な戦争体験を証言することで、祖国再建を考えるカンボジア難民の生き方を紹介するのが**『そしてぼくだけが生き残った――あるカンボジア難民の証言』**（チア・サンピアラ・文、石井勉・絵、学習研究社）である。

アンコール遺跡のあるシェムリアップ州コンポクディで生まれたチア少年。米販売業の父の下で、家族は比較的恵まれた生活を送っていた。しかし一九七〇年以降内戦続く中、七五年からはポルポト派支配の地獄の道が始まる。やがて学校が閉鎖されると、教師であった叔母、祖父母、姉、弟と共に、家族と離れてシェムリアップ都市に向かうが、強制移住、強制労働を強いられたあげく、大量虐殺が始まり、チア少年は一人きりになる。七九年、ベトナム軍に支援されたヘン・サムリン政権（カンプチア人民共和国）成立後、ようやく家族との再会を果たすが、父も長兄もポルポト一味に殺されていた。しかし一九七三年当時日本に留学していた次男ブンソン兄のつてもあり、彼は一七歳になったときに、難民として日本に移住する。つらいこともたくさんあったが、ボランティアの学生の支えもあり、勉学に励み「カンボジア復興のために歴史の先生になって役立ちたい」というしっかりした目的意識を持つようになる。

立派に成人したチア青年の爽やかな表情に拍手を送り、戦争の実態を知らない日本の子どもたちに、なすべきことを考えさせられた一冊である。とにかく信じがたい出来事であるが、ポルポト政権時代、国民の三人に一人の命が奪われたというのだ。

『カンボジア　花のゆくえ』（パル・ヴァンナリーレアク作、岡田知子訳、段々社）は、この時代に奇跡的に生き延びた著者の過酷な体験を骨子に作品化したものである。執筆の動機は、ポルポト時代のはじまりと共に行方不明になった家族に自分が無事にプノンペンで生きていることを知らせるためであったというが、残念ながら両親と弟二人の消息はわからず終いであった。しかし学生時代の恩師や旧友との再会を果たすことができたという後書きに、読者である私もほっとする。

プノンペンに住む資産家ソコンと、一人娘の美しく我儘な高校生ミアルダイ。同居する貧しい大学生ボライのそれぞれの人生をまことに興味深く追っていくが、過酷な状況の中でラブストーリィにつなげる作者の力量はさすがである。日本でもしこの作品が映画化されれば、若い層をひきつけて戦争の悪を追求できるのではないかとも思った。

第3章 アジアの子どもの心をつなぐ読書活動

アジア児童文学大会から

一九九四年に発足した「アジア児童文学大会」は、第一回＝韓国・ソウル。第二回＝日本・福岡県宗像市。第三回＝中国・上海。第四回＝韓国・ソウル。第五回＝台湾・台北。第六回＝中国・大連。第七回＝日本・名古屋。第八回＝韓国・ソウル。第九回＝台湾・台北。第一〇回＝中国・浙江省・金華市というように、二年に一度各国持ち回りで開催されている。

二〇一二年は日本が三度目の主催国になり、八月二二日から二五日まで東京「国連大学・ウ・タント国際会議場」で第一一回大会が開催された。私は二〇〇八年の第九回以来の会員であるが、今回初めて論文発表を行なうことになった。

大会テーマは、「アジア児童文学未来への課題」であるが、私は「子どもの現状と児童文学の在り方を考える」というサブテーマを基本に、日頃の実践活動である「歌と語りのブックトーク」に至る経過を整理して論文発表することにした。以下は、その要約である。

アジアの子どもの心をつなぐ「歌と語りのブックトーク」

「読みきかせ」という言葉が定着したのは、日本に図書館建設の機運が高まった一九六〇年以降一九七〇年代である。公共図書館活動と連動する地域文庫や親子読書活動も、まず子どもと本を結ぶ「読みきかせ」の実践が中心であった。児童文学花盛りの活気に満ちた時期の一九八〇年代は、公共図書館児童室の機能も充実、この頃から「ストーリィテリング」の研修に励む図書館員の実践交流も活発になった。

一九九〇年代は、学校図書館との連携を深める中、学習への興味関心を募る「ブックトーク」の手法に、創意工夫が生かされるようになった。

▲ 第11回アジア児童文学大会（東京・国連大学）。

二〇〇〇年。国が定める「子ども読書年」がスタートするや、自治体の「子育て支援活動」とドッキングする形で「ブックスタート」活動も開始された。

二〇〇一年。「子どもの読書活動推進に関する基本的な計画」が閣議決定され、各都道府県市町村に基本政策がすすめられる。これにともない、子どもの読書についての関心は社会的な高まりを見せ、様々な場所における読書ボランティア活動を通して「読み語り」という言葉も新鮮にとらえられるようになった。

二〇〇三年。「学校図書館法の一部を改正する法律」により、ようやく学校図書館に司書教諭が配置される。

司書教諭による読書活動も現場でさまざまな工夫が生かされるようになり、ゲーム感覚で集団読書を盛り上げる「アニマシオン」の活動も注目を集めるようになる。その後「家庭教育に関する講座等を通じた保護者に対する理解の促進」もはかられ、家庭における「読みきかせ」をはじめ、保護者による学校の「朝の読みきかせ」の自主活動も活発になり、再び「読みきかせ」という言葉にスポットがあたるようになった。

一九六〇年代の読書運動によって盛り上がった「読みきかせ」に対し、二〇〇〇年代以降は、国の方針により計画的に取り組まれた「読みきかせ」が広がったと言える。しかし四〇年という歳月を経た「よみきかせ」実践者にとっては、読ませるためではなく、楽しみを共有する「読みきかせ」を通して、それぞれ現在の自主活動に、より磨きをかけているのは事実である。

私自身も公共図書館員時代から今日まで、率先して新しい試みを実践し、活動の場を広げてきた。そして現在、あかちゃんからお年寄りまでを対象に、ごく自然に本の魅力をリズミカルに際立てる「歌と語りのブックトーク」の手法を生かすようになった。しかしごく自然にといっても、考えてみればこれまで一つ一つの実践の中で確かな手応えをつかんだことが現在の活動の基軸になっている。そこで私の「歌と語りのブックトーク」の日常活動を分野別に紹介し「アジアの子どもの心をつなぐ読書活動」を更に広め深めたいと考えている。

「ブックスタート」　○歳から学齢前の幼児まで、母親も一緒に参加するが、近頃父親の参加も目立つようになった。

プログラムの始めに、子守唄・童歌・童謡をとりあげ、日常の言葉を豊かに織りなす絵本の世界で遊んでもらう。リズミカルなことばを繰り返し、みんな一緒に楽しく歌うことが、この時代の「読みきかせ」の基本である。

「小学校における読書活動」 子どもにとって最も公平な場となる教室での読書活動は、日常担任の教師による取り組みが望ましい。私の場合主として低学年・中学年・高学年と分けて実践しているが、中で最も力を入れている学年は三年生である。

ギャングエイジとも言われるこの学年は、学級の集団性や自主性も高まり、教室での読書活動をより楽しく展開できる好機とも言える。

東京武蔵野市では例年五月末から六月にかけて、夏休み前に、市内全小学校の教室において「三年生読書動機づけ指導」を実施している。

当日使用する本は「絵本」「創作」「科学読み物」「ノンフィクション」「詩」と分野別に三〇冊を用意し、通常の授業時間を一五分上回る六〇分で紹介するが、特に声に出して言葉の楽しさを体感してもらう「詩」作品に最も力を入れている。

「二〇一一年・八月　ピョンヤンの幼児施設・小学校における読書活動」 子どもたちの絵画を通して心の交流を図る「南北コリアと日本の友だち展」は、中国の子どもたちも参加するようになって今年で一一年目を迎える。この間依然として厳しい政治状態が続く北東アジアであるが、子どもたちの出会いの場を広げることは平和な未来を築く大人たちの大切な役割であり使命とも言える。

本年二月には「つなぐ、つながる、友だち列車」をキャッチフレーズに、日本・韓国・北朝鮮人民共和国の子どもたちの共同作品が、国連大学と並び立つ「国立総合児童センター子どもの城」で展示された。

たまたま今年度は「アジア児童文学大会」と日程が重なることになったが、私自身は二〇一〇年、二〇一一年と継続して日本の朝鮮人学校の子どもたちに同行し、ピョンヤンの幼児施設や小学校を訪問。昨年は兎年に因んで自作絵本『**のはらうさぎでございます**』（とりごえまり・絵、佼成出版）を朝鮮語と日本語のコラボで読み合って楽しんでもらうことができた。厳しい国際情勢であるが、私は常に触れ合って言葉を交わした人を信じることから、関わりを深め学び合っていきたいと願っている。

地域における読書活動「はたち会」　現在高齢者が目立つ地域団地の読書会ではあるが、結成当時「いつまでも二十の青春」を志し、現在も福祉施設等のボランティア活動等も旺盛である。現役図書館員時代からの関わりで年に一回参加しているが、近年、孫たちへの読みきかせに相応しい絵本を取り上げて語り合うことも多くなった年齢層ではある。現在話題の本なども取り上げ適宜紹介するが、ここでも声に出して朗読する時間を楽しんでいる。

『少女たちへのプロパガンダ――「少女倶楽部」とアジア太平洋戦争』（長谷川潮著、梨の木舎）は昭和生まれの女性にとっては、郷愁を呼ぶ少女雑誌『少女倶楽部』に注目し、教科書に書かれなかった戦争について語るノンフィクション作品である。国家主義的、軍国主義色濃い当時の軍歌愛唱歌などを取り上げた章では、否応なしに体の中に浸透しているリズムに郷愁を覚えることについて話題が広がった。

当時何気なく歌い、あるいは歌わせられていつの間にか愛唱歌になった童謡について調べてみると、巧みに軍国主義を浸透させるリズムの力を再認識。改めて歌の力を語り合うと同時に、憲法に保障された人間教育の大切さを語り合った。

老人施設における「歌と語りの会」　毎月若いピアノ教師とペアを組んで、地域の老人ホームへのボランティア活動も、一〇年以上にわたり継続している。

老人に親しみやすい民話や昔話絵本を中心に選んで読みきかせをしているが、子守唄・わらべうた等リズミカルな歌の場面への反応はきわめて良い。百人一首・短歌・俳句なども最初に一言誘い出せば体内に蓄積されていた言葉がすぐさま声になる。そしてなんといっても子ども時代に学校で教わった「尋常小学校唱歌」の合唱はみんなで一緒に歌うことで、元気な表情が漲りわたる。

赤ちゃんからお年寄りまで読書活動の共通項は「快いリズムを生む歌と語りのブックトーク」である。

私の願いと覚悟　今現在、戦争や暴動が絶えない国のニュースが伝わっており、多くの子どもたち生命が危機に立ち、安全が脅かされている事実に目を逸らすわけにはいかない。三月にベトナムを訪れて、改めてダイオキシンによる被害と日本の原発問題を重ねて人災の恐ろしさをかみしめている。カンボジアの地雷も地面に埋まったまま爆発の危険性をはらんでいる。

各国それぞれの立場、そしてまた個人の抱える問題もさまざまであるが、しかし平和な未来を目指す活動がすべての基本になる。

私の「歌と語りのブックトーク」は、すべて触れ合う人々の言葉を大事に学び取る日々の実践が基礎になっている。ささやかな個人の活動であっても、私は「歌と語りのブックトーク」を通して「アジアの子どもたちの心をつなぐ読書活動」を意識的に推進して、たくさんの仲間を募りたいと考えている。

………

論文発表のトップバッターの役割を終え、ほっとしたが、嬉しかったのはすぐに駆け寄って感想を述べてくれた女性がいたことである。台湾代表・元智大学応用外語学科、鄧名韻さんだった。

「あなたの話はとても大事なことで、ほんとに良かった。私の研究の参考になるお話でした」

翌日名韻さんは、「古典名作との対話」をテーマに発表された。

「子ども時代は、人の最も記憶がよい時期であり、この時期に古典作品を熟読、あるいは暗唱できるのであれば、子どもたちが文化的基礎を形成する上で最も好ましい。こうした意味で児童向け古典作品は、子どもたちにテキストを理解させるだけではなく、子どもたちが暗唱しやすいように工夫しなければならない」

優れた文化資産を次世代の子どもたちに興味を持たせるための工夫、とりわけ声に出して朗読することの意味を説く名韻さんの発表は、まさに私の「歌と語りのブックトーク」

と重なる。何よりお名前に韻という字があるのが気に入った。しかも名韻である。韓国教員大学教授、慎憲締先生からは「これから一緒に取り組めることを考えていきたい」と励ましていただき、中国の華東理工大学教授、金育紅先生は駆け寄って「とてもよかった」と肩を叩いて喜んで下さった。

慎先生は第一〇回大会・浙江師範大学の会場で隣り合わせたご縁がある。金先生は、同年上海で開催された「中国児童文学日中交流二〇周年記念」の招待で参加したときに、仲良しになった方である。私は二〇〇七年・台湾国立台東大学で開催された「第九回アジア児童文学大会」からの会員であるが、以来アジア児童文学関係者とのお付き合いが広がるようになり、台湾の詩人林喚彰さんからは、三・一一の大災害直後、お見舞いの手紙を頂いている。

考えてみれば、現役の図書館員時代には専ら欧米の図書館に学ぶことが多く、特にロシアの「科学アカデミー図書館」司書のモロシキナ・オリガさんとは一九七一年から二九年まで三八年間の長いお付き合いが続いた。残念ながら八三歳で亡くなられたが、二〇〇九年三月には、「もう会えなくなるかも」の一言に突き動かされて私はモスクワの科学アカデミー図書館を訪れた。そして彼女の部署である日本語課の部屋で、親しく話し合うことができたのであった。思えばそのとき、オリガさんが自ら整理したカード収納庫の前で語ってくれた言葉の数々もやっぱり私の現在の活動につながっているように思う。

「見てください。私の手書きの日本語訳の図書カードは、ずっとこの図書館に残りますよ。山花さんは私よりまだ若いから、元気で世界中歩いて子どもの本をひろめてね！」

「もう今から世界中なんて無理なこと言わないで」

楽しく笑い合ったひとときであるが、その後中国・台湾・韓国・平壌と私のアジアの子どもの本との関係はぐっと近づいてきたではないか。

今回発表したピョンヤンの小学校における実践は、二〇一一年一〇月三一日の『朝鮮日報』の教育欄に寄稿した。以下はその要約である。

続いてほしい、子どもの交流——再び訪れた朝鮮の地

心動く都市・平壌　「セーノ、五・四・三・二・一・ピョンヤン！」

飛行機が目的地に着陸するや、すばやく靴下も剝ぎ取り、掛け声勇ましくジャンプしたのは世陣君と賛星君である。

「すごーい！　なんで裸足になっちゃったの？」

「だってさ、人生初めての感動体験だから。な、」

ピョンヤンに着いたら二人で手を携え、声張り上げてタラップから飛び降りることを示し合わせていた少年二人は、大成功！の表情で顔を見合わせ私に応えてくれた。

生まれて初めて祖国の地に足を踏み入れた在日四世という彼らの背景には、脈々と受け継がれた祖先の熱い思いが溢れている。家族の歴史を辿るはるかな道程第一歩は、やはり素足で直に体で受け止めることこそと、再び「南北コリアと日本のともだち展」訪朝団の一員として、この地を踏んだ私の心もまた躍ったのだった。

昨年に引き続き今年も綾羅小学校、長慶小学校を訪問し、絵画による共同制作（日本、朝鮮民主主義人民共和国、大韓民国）のワークショップを中心に交流。今回は東京の朝鮮人学校六年生六人（女子四人、男子二人）に、日本の小学五年生（女子）の参加も実現した。

花のつぼみのようにかたまってひそひそ語り合う愛らしい少女たち。二人揃って行動する元気印の少年たち。きびきびと子どもたちを見守り、優しい眼差しがうれしい二人の女性教師。実行委員のメンバーを含めて、ほとんどの人が子どもや孫のような存在なのに、私は誰とでも友達の親しさで言葉を交わし楽しむことができた。それは昨年の出会いを懐かしむ、心動くピョンヤンであればこそ。

「希望の未来号」を走らせる

今年の共同制作のテーマは「私の宝物」。画用紙で作った列車の窓にメッセージを添え自分の絵姿を滑り込ませる。南北コリア・日本に通じる平和の路線をひた走る子どもたちの列車は、どんな宝物を交換してくれるのであろうか。ピョンヤンの小学校の制服は、白いシャツに赤いスカーフで決まる。日本から同行した六年生たちは、教室の子どもたちの姿をとてもかわいくとらえたようだ。すぐに子どもたちの間に席をとり、作品作りの作業過程を手際よく教え始める。不意に通訳を通して「子どもと一緒に並んでください」という参観のお母さんからの依頼にびっくり。わが子とツーショットでという合図もある。しかしもっと驚いたのは、再び訪問した際一緒に写真におさまった女の子が、私の姿を素早くとらえてその日の写真を手渡してくれたことである。

教育熱心な日本の保護者の姿と重なるが、写真の裏に「記者様」という文字が書かれていると知って、なんだかおかしくもあり、こんなふうにして親しくなるのもいいではないかと楽しくなった。

どこの国のお母さんもわが子が一番かわいいものである。

さて、どんな宝物が集まったのか。サッカーボールやギターの絵。中には通学バスが私の宝物という女の子も。地球こそが宝の賛星君。南北統一がわが宝という世陣君。出来過ぎの感がある二人の宝物であるが、それは素足で踏んだ大地の感触から生まれた確かな言葉に違いない。

初参加の五年生のたらちゃんは「初めは緊張したけど、みんなと楽しく絵が描けてうれしかった」と素直な感想。

「なんだか空飛ぶ気持ち、もっともっとこの時間が続いてほしい」という女の子の感想には胸が熱くなった。

ひとまず完成の作品をボードに並べて、みんなでカラフルな汽車の列を観賞し合った時に、団長の米田伸次先生の声があがった。

「これは『希望の未来号』！」

歌と語りのブックトーク　「希望の未来号」に同乗させてもらえる大人にとっての夢も大いに広がった。実は交流会で『のはらうさぎでございます』という私の絵本を朝鮮語と日本語のコラボで朗読し、楽しんでもらうことができ

▲日本語と朝鮮語で絵本を楽しむ。

たのである。作品の翻訳は、子どもたちに同行した金聖蘭先生と、金セッピョル先生が引き受けて下さった。

「わたしはうさぎ。でもうさぎじゃないの　にんげんよ」で幕開けする名前がテーマの絵本であるが、兎年にちなんでの本選びでもあった。現地で初めてたった二回の練習にもかかわらず、六人の少年少女は物語のリズムを生かし、♪うさぎうさぎ♪　♪トッキや、トッキ♪　快い音色の童歌も心にしみる本当に嬉しい思い出づくりができたことを喜んでいる。しかし私はただ楽しい旅を追っているのではないと、いつも考えている。「強盛大国」をスローガンに平壌の近代化が進んでいる一方、経済不振のニュースが今日も報じられる中、政治に無知であってはならないと思うから。だからこそ私はまず触れ合って言葉を交わした人を信じることから学んでいきたいのだ。

明日が今日よりもよくなるように、まず自身の仕事のテーマである「歌と語りのブックトーク」を通して、学びの場を広げ「希望の未来号」をしっかり見守っていく覚悟だ。

………

昨年この記事を掲載してくれた金潤順さんが、今年は「アジア児童文学大会」に参加して取材してくれた。多少私の文と重なるところもあるが、大会の様子を記者の目で要領よくまとめてくれているので、そのまま引用したい。

子どもの本で平和を作ろう

「アジア地域の児童文学作家などが集う「第一一回アジア児童文学大会」（主宰＝同実行委員会）が、八月二二日―二五日にかけて、東京渋谷区の国連大学ウ・タント国際会議場で開催された。

大会は、一九九〇年以降、アジアにおける望ましい児童文学の在り方を探求すると共に、各国・地域の児童文学関係者の交流と連帯を深めることを目的に、日本・南朝鮮・中国・台湾などの都市を会場にして二年に一度のペースで開催されている。参加者は、アジア児童文学学会所属地域の作家、画家、評論家、翻訳家、研究者、編集者など児童文学者関係はじめ、児童文学に関心を寄せる人々など。会期中、論文発表、シンポジュウムなどが行われる。会長のきどのりこさんの話によると、一九九〇年の開催以来、朝鮮への参加を呼びかけてきたものの、いまだ実現されていない。しかし今回、朝鮮大学校の研究者たちが参加することになり、関係者としてとてもうれしく思っているという。

平壌のこどもたち　二三日の論文発表では昨年と一昨年と二度にわたり「南北コリアと日本の友だち展」のメンバーとして平壌を訪問した山花郁子さん（児童文学作家）が、「アジアの子どもの心をつなぐ『歌と語りのブックトーク』」について語った。

山花さんは、公共図書館員として働いていた頃から「ブックトーク」に関心を持ち、様々な実践を試みてきた。現在も赤ちゃんからお年寄りまでを対象に、「歌と語りのブックトーク」を実践中だ。また、その活動を「アジアの子どもの心をつなぐ」読書活動として更に深め広げたいと考えている。

発表では、昨年八月の平壌で活動内容が、当時の写真を用いて紹介された。「今年で一一年目を迎える『南北コリアと日本のともだち展』は、依然として厳しい政治情勢が続く東北アジア三地域において、絵画を通して子どもたちの出会いの場を広げ、平和な未来を気付く大切な役割を果たしている。私は二〇一〇年と二〇一一年の二回にわたり平壌の幼児施設や小学校を訪問した際に、自作絵本『のはらうさいでございます』を日本の朝鮮学校の児童らとともに朝鮮語と日本語のコラボで読み、平壌の子どもたちに楽しんでもらった。

平壌の子どもたちがとくに興味を示したのは、「うさぎ　うさぎ　なにみて　はねる」という歌の部分。音楽は共通の言葉。朝鮮語がわからなくても　♪トッキヤトッキ♪　と歌うリズムが快く体にしみこんでいく。

山花さんは、「強盛国家」のスローガンの下、急ピッチで現代化が進む平壌を訪問して、「まず触れ合って言葉を交わした人を信じることから学んでいきたい」と願いを語った。

翻訳出版の現状を探る

また、シンポジウム「子どもの本の翻訳in東アジア―アジアにおける日本・日本におけるアジア」では、基調報告として「東アジアにおける日本の子どもの本の翻訳」について成實朋子さん（大阪教育大学准教授）、「日本における東アジアの子どもの本の翻訳」について大竹聖美さん（東京純心女子大学教授）が、二〇〇一年から二〇一一年までを対象に行われた研究調査をもとに発表した。

成實さんによるとこの間、東アジア三地域（中国・台湾・南朝鮮）における日本の子どもの本の翻訳書は三六五〇点に及ぶ。人気作家は五味太郎・きむらゆういち・宮西達也などで、宮澤賢治の「銀河鉄道の夜」も三地域で一七点確認された。ただし、これらの翻訳書は、日本の子どもの本とはいっても、一見しただけでは日本のものとは解らない無国籍な作風・画風のものが選ばれているようだ。「日本もふくめた東アジア四地域は、文化的には近似の状況にありながらも、これまで過去の歴史的な経緯や経済格差、あるいは政治体制の違いに阻まれ、交流を深めるのが困難だった。しかし現在では日本の子どもの本は各地域で柔軟に受け止められ、浸透しつつある。日本の子どもの本は経済活度を推進していく『商品』として、あるいは日本文化を世界に広めるコンテンツとして、海を渡っている」。

一方、日本における韓国絵本の翻訳紹介は累計七七冊、台湾からは二六冊、中国、モンゴルからの翻訳書もある。大竹さんは二〇〇〇年以降、東アジアの作家による作品出版が日本で活発に行われるようになった背景について「東アジア諸国の急速な経済発展と社会変化によるもの」であると述べ、特に二〇〇〇年以降「韓国の絵本がボローニャやブラティスラヴァの絵本原画展、ニューヨークタイムズなどの優秀作に選出されることが目立つようになった」。加えて「二〇〇二年の日韓W杯共同開催、二〇〇八年の北京オリンピック、二〇一〇年の上海万博などの国際事業も契機となった」と指摘した。そして、これまで欧米の作品が中心であった海外絵本の翻訳出版の分野で、その選択肢が東アジアの作品にまで広がってきたと話した。

続いて研究報告として「台湾の創作児童文学の日本における広がりと受容」について張桂娥さん（東呉大学準教授）、「近年の中国における日本児童文学」について朱自強さん（中国海洋大学教授）、「宮澤賢治『銀河鉄道の夜』の変容――韓国での翻訳をめぐって――」朴鐘振さん（白百合女子大学　児童文化研究センター研究員）が発言した。

会場からは、国語の教科書に取り上げられる外国文学や翻訳出版の選択基準についてなど、さまざまな質問が寄せられ討議が行われた。参加者たちは、文学作品を通して子どもと真摯に向き合い、子どもの命が脅かされることのない平和な未来を望んでいる。各国・各地域の絵本や児童文学を通して、今後もそれぞれの国や地域で暮らす子どもたちが、自分とは異なる文化や歴史に触れ、それらを背景に持つ「ともだち」を理解し、平和な未来を築いていけるよう、児童文学関係者たちの交流と研究が今後も重ねられていくことを望んでいる。

（金潤順）

………

アジアの児童文学関係者との親交が生まれるようになったのは、ごく自然の流れでもあるようだが、ただ手をこまねいているだけでは叶わない気もする。

たまたま台湾で私のノンフィクション『**かあさんのカギ**』（岩淵慶造・絵、フレーベル館）が、韓国で幼年童話『**おへそのまわりがあったかい**』（宮崎耕平・絵、草炎社）が翻訳されたこともあり、二〇〇九年以来個人的にも台湾・中国・韓国に行く機会が増え、更に二度にわたるピョンヤン訪問は、不思議な血族の縁に導かれたものであったと後に知ることになる。

なぜ最初のピョンヤン訪問を決めたのか、さして深い理由があるわけではなかった。友人の大竹さんがピョンヤン行を決めたので、その場で衝動的に一緒に行くことを決めたのであるが、しかし私を突き動かす何かがあって、血族の血が騒いだのかもしれない。その間の事情は遡って『朝鮮日報』(二〇一〇年一一月二二日)教育欄に次のように記している。

天の声に導かれた訪朝〈上〉「朝鮮の子どもたちと触れ合って」

「北朝鮮に行く」という仲良しの大竹聖美さん(純心女子大学準教授)の言葉を聴いた途端心が動いた。旅行日程など皆目わからない時点で、なぜか私もいかなければ!という強い思いに駆られたのである。

百聞は一見に如かず。正直言って現在ほとんどマイナスイメージでしかとらえられない北朝鮮の現状を、少しでも自分の目で確かめてみたいという思いもあった。しかしその後「南北コリアと日本の友だち展」実行委員会の企画であり、事務局長の筒井紀子さんが実務担当者であるとの情報を得て、次第に私の訪朝の目的は明るい方向を目指して定まってきた。

日本・韓国・朝鮮の子どもたちの絵を通して結ばれる友好関係は、子どもの本にかかわる私の中心課題の一つでもある。同行する東京の朝鮮学校の生徒たちとの初めての出会いも楽しみだった。

かくして八月一八日、成田から平譲を目指して出発したが、この旅は私にとって不思議な縁に導かれて、東北アジア平和を考える指標となったのである。

はじめまして「平壌」

瀋陽から平壌へ。空港で待ち構えてくださったのは、通訳の孫哲秀さん、金明日さんのお二人。現地で初めて交わす「アンニョンハシムニカ」の言葉に、なんともいえない親しみの感情が溢れていて嬉しかった。

空港から平壌ホテルに向かう車窓の風景は、次第に大都市の表情を見せ始め、万寿台議事堂、凱旋門、ことに金日成広場に整然と並ぶ群衆の姿に目を奪われた。九月九日の建国記念日、一〇月の党六五周年を祝うための練習が連日行われているというが、大マスゲームで知られる「アリラン」公演も開催中ということで、街全体の表情は活気に満ちている。

到着したホテルで、金正姫さんも通訳の一人として紹介されたが、改めて言葉と心をつなぐ誠意ある通訳という仕事に学ぶことが多かった。三人それぞれの個性から醸される雰囲気もまた、朝鮮滞在中の貴重な体験を深めてくれたように思う。

うれしかった小学生との交流　一〇年目を迎えた「友だち展」の今年のテーマは、「行こうよ！行こうよ！おまつりひろば」である。東京発、平壌発、ソウル発の道がそれぞれ描かれるが、お祭り広場に終結するという共同作業を最後まで導くのは、絵本作家の浜田桂子さんである。

まずは長慶小学校（チャンギョン小）のワークショップからスタート。五段階評価で成績優秀な子どもたちを紹介する廊下の壁写真に少々の戸惑いを覚えたが、低学年から高学年までの美術クラブの子どもたちが今日の主役。既に先生の指導でそれぞれの絵を描いている子どもたちの背後に回って見学する。

羽を広げた鳥の絵やアニメの主人公などが目立ったが、色鉛筆のソフトタッチな線画はまずは小手調べといったところだろうか。画面に「祖国統一」と大きく記す女の子が印象的であった。

その後、華やかな民族衣装で歌と踊りを披露してくれた子どもたちの表情豊かな愛らしい姿に接して、私は思ったのだ。見知らぬ人たちの視線や言葉から広がるイメージも、きっと子どもたち自身のエネルギーになって、これからの「南北コリアと日本の友だち展」

の画面を彩ってくれるに違いないと。

天の声に導かれた訪朝〈下〉

「父、弟が訪れた地に」

子どもたちを育てる大人の力　綾羅小学校（ルンラ小）における共同制作は、紙の皿にマジックペンで自分の好きな絵を描くというものだ。自分の顔、家族や人形の顔など、縁取りの工夫も華やかな作品がそろった。早速仲良しになった四年生のキム・スンジン君とクァク・ウィウン君に、「将来どんな人になりたい？」と質問すると、間髪入れず二人そろって「科学者！」と何とも頼もしい表情である。

綾羅小学校で楽しかったのは、龍岳山ハイキングであった。途中土砂降りに見舞われたが、

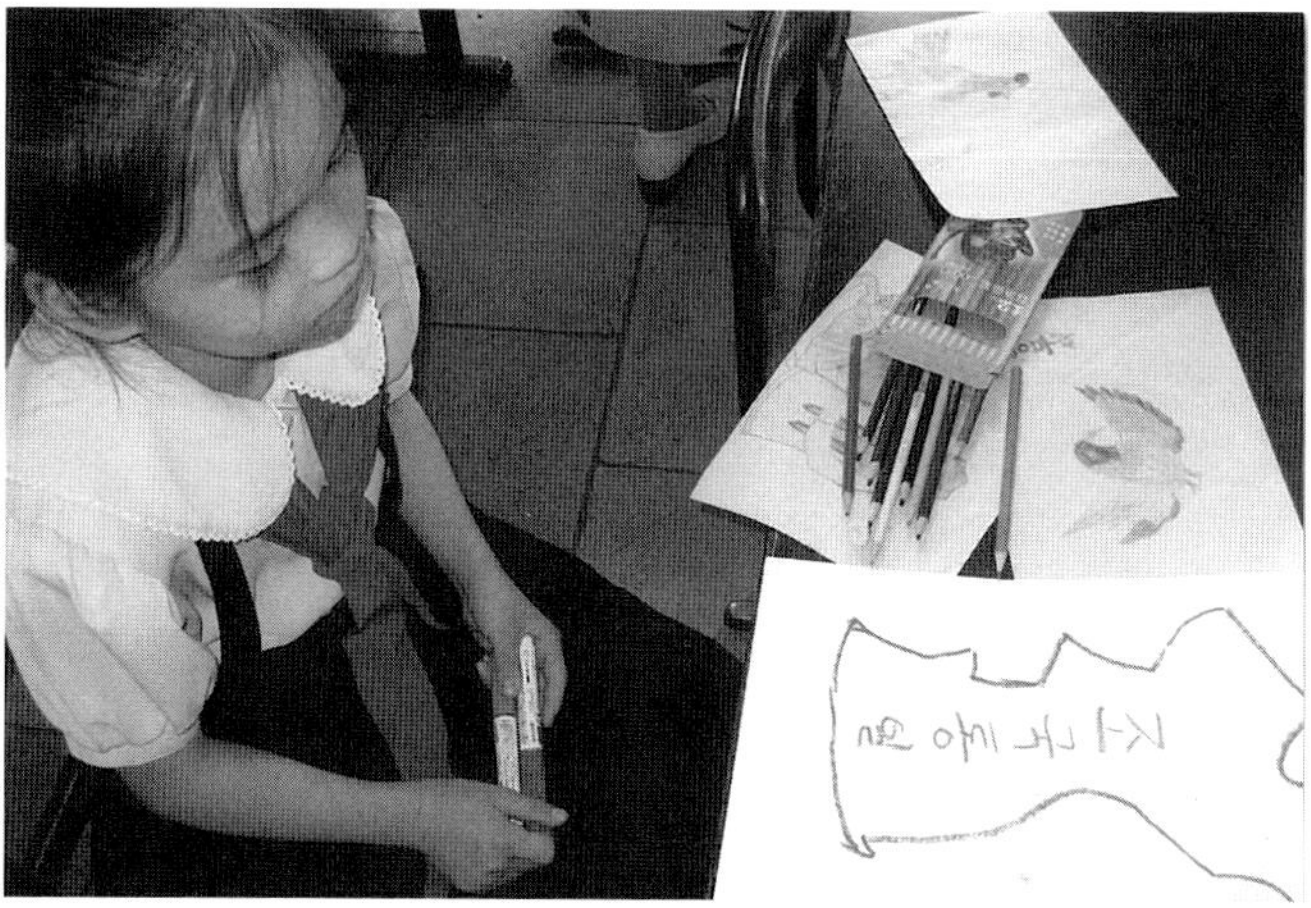

▲絵を描いた裏に「祖国統一」と書いた女の子。

小ぶりになったところで広げたお弁当は絶品。海苔巻き、卵焼き、夏野菜サラダに加えて食後の西瓜等、みんな子どもたちのお母さんたちが用意してくれた。

アコーデオン伴奏の先生も大活躍。子どもたちが歌った「故郷の春」は、私も日本語で仲間入りした。音楽は世界共通の言葉である。

「ハナ トゥル セッ！」子どもたちのいい表情をレンズに納めんと気合を入れる先生の表情も晴れ晴れ。どの国の子どもたちも、保護者や教師をはじめ、それぞれ出会う大人たちの温かい眼差しの中で心が育つ。

偶然は必然?! 朝鮮革命博物館は、金日成主席によって導かれた革命闘争の歴史を集大成した記念館である。

「全館丁寧に説明すると一週間かかりますが、今日は金日成主席の業績に絞って簡単に説明します」

紫のチマ・チョゴリがよく似合う案内役の女性は、金日成主席の生い立ちから闘争の主席をよどみなくしっかり一時間半かけて語り伝えてくれた。

生家の模型、その他数々の闘争資料と共に陳列された拷問用具を見て、ふっと父の顔が思い浮かんだ。社会主義者であった父もまた、数々の拷問を受ける獄中生活に耐えたのだ。

その後、朝鮮対外文化連絡協会の黄虎夫局長にお会いして、今度は亡き弟の思い出につながった。

黄局長は、当時日本社会党の書記長として日朝友好関係に努めていた弟の通訳として活躍されたという。

「あなたがそのお姉さんだと聞いて、私は耳を疑いましたよ」と驚く黄局長。偶然の出会いは更に金日成主席の生家を訪れたことでまさに運命的な出会いにつながったのである。

実は万景台見学とカトリック教会訪問予定は、二手に分かれての見学が決まっていた。しかし前日に教会訪問を決めていたにもかかわらず、私はなぜか出発間際に、急遽予定を変更して、万景台行きのバスに飛び乗ったのだった。

平和のための活動を

帰国してから偶然古いアルバムを整理する段階で、一九六九年、父も「日本社会党訪朝団」の団長として、友好関係を築いていた事実が判明した。しかも金日成主席の藁葺きの家の前に並んだ写真を見て驚いた。なんと父と同じように、私も右から数えて四人目の中央に立っていて、まったく同位置に重なっていたのだ。弟と親交を結んだ若き日の黄さんの写真も見つかり、また心が騒いだ。

運命に偶然はないという言葉がある。自ら歩む道は、いつ知らず自ら選びとる道につながるのかもしれない。行ってみたいという軽い気持ちは、帰ってから行くべくしていった私の道であったと、ますます考え深くとらえるようになった。

たった一度の平譲訪問だけで、朝鮮の現状を語ることは当然無理である。しかし常に灰色に包まれた一方的な情報だけに頼るのも虚しい。自分が出会った人たちとの心のつながりを大切にして、少なくとも「南北コリアと日本の友だち展」で友好を結ぶ子どもたちの現状と未来を明るく見守っていきたい。自分にできることはなにか？ 絶えず問いつつ、これからも子どもと本を結ぶ平和活動を自分のできる範囲で取り組んでいこう。

父と弟への思い　第一回の訪問で「朝鮮対外文化協会」黄局長と弟（山花貞夫）の関わりを知ってから、関連する資料を調べたところ、一九七七年一二月に「訪朝議員団」の一員として「朝鮮民主主義人民共和国」を訪問していることがわかった。それに先立ち、父は一九六七年九月、時の外務大臣愛知揆一に「共産圏渡航趣意書」を記して、日本社会党代表として「朝鮮民主主義人民共和国渡航申請」をしていた。渡航費は全額個人負担である。渡航費用二二日間の内訳は、往復船便で約一八万円。ただし帰路モスクワから飛行機を利用した場合には、三九万円と記してあったが、おそらく貧乏だった父は船の旅を利用したに違いない。たまたま書類の中に紛れ込んでいた昭和三一年（一九五六年）の衆議院議員八月分の歳費は七万八〇〇〇円であった。差引明細を見ると中国捕虜の会、日中友好会、日朝協会、その他の会費や寄付金を除いての手取り額は一万七七八〇円である。治安維持法で獄につながれた戦前から戦後も、母の家計の苦労は絶えなかったに違いない。

偶然の出来事であると思えることも、実は人生にははかられた教えが潜んでいるものだ。生まれ育った家庭環境の中で今の私があると思うから。

我が家には、両親が生涯の師として尊敬した日本労農党党首、大山郁夫の額が遺されている。「以血贖勝利」五文字のうち、贖うという字だけがどうにも読み取れない草書であるが、近頃この古ぼけた額の文字をしみじみ噛みしめている。戦時下の度々の引越しや、空襲にもあい

▲1969年9月社会党副委員長時代に訪朝した山花秀雄（右から4人目）。

ながら、この額だけは我が家から消えることはなかった。八〇年以上の歳月を経て、表装も黄ばみ破れも目立つが、両親亡き後も私はこの額を外そうなどとは一度も考えたことはない。そして現在我が家の居間には三つの額が並ぶようになった。

戦前弾圧の嵐の中で獄につながれた父の書五文字は「巨腕断鉄鎖」。その横に並ぶ「東呼西応」の四文字は弟の書である。それぞれの筆跡に私は時代に生きる人の思想信条について改めて思いを巡らしてみる。

大山郁夫の額は、昭和三年、治安維持法改悪に反対し、右翼に刺殺された山本宣治はじめ、多くの同士の死を乗り越え、大衆と共に前進を誓った書である。

入獄四回、百数十回に及ぶ検束・拘留を受けた父の力強い筆跡には、当時の社会主義者の逞しさが現れている。父の教えを旨に活動した弟の文字は、社会党委員長の立場で新党結成の意思を固めた苦悶を潜めながらも、終始穏やかだった表情をそのまま写しだしており、時代の流れの中で三者三様己の意思を貫いて生きた姿が在る。

改めて家族の思想信条・そして年年歳歳、日々の暮らしの中で起きる出来事についての思いが巡る。

私は政治家にはならなかったが、まさしくこうした家族の歴史を刻んでの読書活動を推進している。そして今年もたくさんの宿題を抱えて、猛暑の夏が終わりを告げる。

「アジア児童文学大会」に先立つ八月一〇日には、ソウルの歴史博物館で開催された「在日コリアンの歴史一〇〇年展」に出席した。滞在中たまたまゲストハウスのテレビで、サッカー男子チーム日・韓実況中継を観戦した。韓国人オーナー家族と声援を送る日本人の心境はまことに複雑であったが、韓国勝利で試合終了後「おめでとう」「日本チームもよく頑張りました」の会話で、無念の思いを笑顔に代えることができた。この後に開催された「アジア児童文学大会」出席者たちの主要なテーマは、アジア各民族の共生・共存・環境保護という今日的課題と児童文学とのかかわりである。しかし竹島や尖閣諸島の領土問題、各国の思惑あらわに複雑に絡み合う政治情勢が心に重い。

普天間飛行場へのオスプレイ配備という、基地沖縄の問題も抜き差しならぬ重要課題である。「オスプレイは日本の防衛にとって重要だ。地元の懸念を踏まえ安全な運用に十分配慮したい」というパネッタ米国防長官の安全宣言を一方的に受け入れるわけにはいかない。

どの党派であれ政治家の道を目指す人物は、己の軌道軸を定め、国の舵取りに責任を持ってほしい。それでこそ国民は各人の立場で、健やかな子どもの未来を語ることができる。

児童文学を通して平和を目指す私自身も正念場！

何か変わったのだろうか

戦争への道を突き進んだ私の少女時代。日中戦争・太平洋戦争・ベトナム戦争・朝鮮戦争……そしていまなお世界のどこかで戦争が起こっている。

今につながる過去の出来事を改めて考える必要もある。そう思ったのは、『安保問題と日本』という古びたパンフレットが出てきて、サブタイトルに「山花秀雄のたたかいの足跡と反戦平和を追及する決意」という文字が私を突き動かしたことにもよる。

私は早速国会の官報を取り寄せて、当時の政治家の態度や、民意について探ることにした。

まず一九六五年当時の社会党中央本部声明から主だった記事に目を通してみた。

❖三月二六日

アメリカは昨年のトンキン湾事件いらい、計画的に北ベトナムに対する挑発を行ってきたが、本年一月以降は公然と北ベトナムを爆撃し、その範囲を継続的に拡大するとともに他方、日本、韓国、台湾、フィリピン、タイ等アメリカの同盟諸国を動員し、その戦争政策をますます拡大し、国際化する危険な政策をとっている。現にテーラー大使が「北爆に限界はない。ハノイにとって驚くべき新事態がおこるかもしれない」と公然と発言しているることがこの危険性を端的に示している。

国際法を全く無視したかかるアメリカの侵略的行為は、北ベトナムの主権と国民に対する重大な挑戦であり、またアジアの平和に対する重大な脅威であり、絶対にゆるすことはできない。

とくに、世界の世論が南ベトナム問題の話し合いによる解決を強く希望しているとき、アメリカの一方的武力行為がついには話し合いの基礎まで破壊し、東南アジアにおいて第二の「朝鮮戦争」をひきおこす危険性のあることを指摘せざるを得ない。このことはひとりベトナム国民のみならず、アジアおよび世界諸国民の重大な関心事である。

アメリカは「北ベトナムからの継続的な侵略」を云々し、自らの侵略的行為を合法化しようとしているが、南ベトナムの紛争は疑いもなくアメリカの軍事的支配と植民地政策に反対し、平和と独立をもとめる南ベトナム人民の闘いであり、アメリカの撤退まで継続する民族解放の闘いである。

それにもかかわらずアメリカは南ベトナムの軍事的植民地支配を維持するために、一貫してジュネーブ協定をじゅうりんし、軍事力を増強し、宣戦布告なき本格戦争を、拡大し、あらゆる兵器を使用して非人道的な戦闘を継続してきた。

しかも今回アメリカが毒ガスを使用し、残虐な戦闘行為を重ねていることが判明したが、これは明らかに国際法と慣行に違反し、人道上からも絶対許せない行為である、この文字通りの殺人行為は、世界の諸国民の非難をまぬかれることはできない。

今日、南ベトナムならびにインドシナ問題の解決を困難にし複雑化している基本的な原因は、これら地域に対するアメリカの植民地政策と侵略的軍事行動であります。

わが党は、アメリカがいま直ちに北ベトナムに対する武力行為を中止し、一九五四年のジュネーブ協定にしたがって南ベトナムの非人道的戦争をやめ、そこから撤退することを要求する。そしてそれこそ、インドシナの平和を回復し、民族の自主的発展とアジアの平和を達成する唯一つの道であることをここに声明する。


………

引き続き六月二二日には、日韓条約・協定の正式調印を行った政府に対して「日韓会談調印にあたっての声明」を発表している。

❖竹島の帰属問題がまったく未解決で、将来いつ結論が出るか解らぬ状態で棚ざらしにされている。これはすべての懸案を一括して解決すると政府がくり返してきた約束を蹂りんしている。

………

一九五〇年代から韓国の実行支配が進む竹島については、全く曖昧な状態を引きずったままであり、今更ながら今日の複雑な領土問題の難しさが浮かびあがる。そして、現在私自身が日々感じている危惧が、当時も同じように表現されていることについては、戸惑いさえ感じるのである。長い年月何にも変わっていないではないか！　腹立たしくさえなる。

❖現在の情勢は、満州事変前夜と類似していると同時に、非常に大きな違いがある。日本の政局の大きな地すべりは確かに始まっている。過渡期的な段階の政権とは、いわゆる「護憲・民主・中立」の政権であり、より具体的に規定すれば「安保廃棄・戦争防止・憲法擁護・国民生活安定向上の政権」である。

……………

この文をとらえて、私はいよいよ悔しくなる。何も変わらないどころか、尖閣をめぐる領土問題は、泥沼化している現在の政局とイコールで、日中関係を最悪にしている。政局の地すべり状況の中で、期待した事柄は何も変わってはいないのである。

本土復帰四〇年の沖縄も、普天間飛行場のオスプレイ配備で、暗雲立ち込めている。オスプレイ反対デモのニュースに重なるのが一九七三年の「米空母ミッドウェイ・横須賀母港化反対運動」である。当時の『社会新報』記事を見ると、「空母海外基地の軍事目的は、海外で軍事力を効率的に展開することである」という記述に並んで、当時の米海軍大将ムーラー統幕議長の著書に触れているが、外交政策の機微に触れた部分に注目しなければならない。

❖もっと遠距離の展開において、もっと敏速なそしてもっと持続的な海軍政策の遂行を保障する必要がある。米国は全地球政策を推進し、四三ヵ国と条約義務に置いて結ばれているけれど、外国基地使用権と他国領空飛行権の供与に、更に大きい反対運動を覚悟しなければならない。

………

いま、日本の政治外交の生ぬるさに臍《ほぞ》を噛む思いであるが、憲法改正や核武装の極論も声高になっている傾向に、黙してはいられない。戦争体験者である私たち自身が、過去の歴史を問い直し、積極的に若い人たちと語り合わねばならない。

しかし時代の流れの中で、個人的意識の変化は確実にある。当時国民運動・市民運動として盛り上がった数々のデモ、例えば砂川基地闘争、安保反対、ベトナム反戦活動など個人的にも熱い記憶が蘇るが、しかし現在のデモは、職場の組合活動や特定の市民活動家たちに導かれたものではない。

毎週金曜日、国会前に集結する「原発反対！」デモ行進には、子連れで参加する若いお母さんの姿も目立つ。沖縄住民のオスプレイ配備反対県民デモも、誰かに促されたデモではなく、個人個人の強い意思が漲っており、更に結束が強まっている。

核抑止の安全神話も崩れ去った今こそ、過ちは二度と繰り返してはたまるかという、経験から学んだ確かな力が湧きあがっているのだ。沖縄の問題についての父の質問からも、これまで何も変わっていないという印象を受けただけに、ここで変わらなければという私の強い思いも更に深まる。

当時社会党左派に属し、国会対策委員を努めていた父の本会議場における質問もあった。

❖昭和四二年七月二九日（土）

第五六回国会　衆議院会議録　第三号
内閣総理大臣　佐藤栄作の所信表明演説について、

「日本民族の悲願である沖縄の返還についてどのような構想を持って臨むつもりか」

「現在の沖縄は、アメリカ国のベトナム国侵略戦争の前線基地として、南爆や北爆に日夜爆撃機が飛び立ち、また基地拡張のため、土地の新規接収が強行され、沖縄住民は不満と不安の日々を送っている…」

更にここで佐藤総理の南ベトナム国訪問の意図を追及してもいる。

「日本が南ベトナム派兵国の立場に同調したものと国際的に受け取られる、また和平の道を積極的に探るといっても、戦争当事国の一方だけを訪問することは、公正な調停者との資格を自ら放棄するにひとしい」

………

過去の事実を追う中、たまたま沖縄非常勤講師安里英子さんが『ふぇみん・婦人民主新聞』八月一五日号に寄稿された記事が目に留まった。

すりかえられた「復帰」をとりもどすために　自然・人・自治の未来

沖縄にとって「復帰」とは何だったのか、と絶えず自問する沖縄がある。だが、これを日本やアメリカにとって、沖縄を日本に「復帰」させることとは何だったのかと置き換えてみる。すると自閉していた私の思考に少し風が吹く。さらに、さかのぼって考えてみると米軍は、沖縄占領直後には「沖縄マイノリティー」を強調し、さかんに沖縄文化の固有性をたたえた。つまり沖縄は日本ではないというわけだ。そしてサンフランシスコ講和条約で、沖縄は日本から切り離され、米軍の占領地になった。しかし、二四年後、アメリカは沖縄政策を転換させる。ベトナム戦争で疲弊し、軍事予算を日本政府に肩代わりしてもらうためだ。こうして沖縄は日本に「復帰」させられた。内発的「復帰運動」は、完全に日米の政府によってすりかえられたのである。

……

一九七二年の沖縄返還はアメリカにとって日本再軍備支配への道であったということだ。すりかえられた「復帰」をとりもどすために、過去の歴史に学び、自ら感じ取ったことを率直に語り合う仲間を広げ、再び過去の過ちをくりかえしてはならないと安里さんは呼びかける。

そう、黙していてはならないのだ。平和は自然には生まれてはこないのだから。私も子どもたちとの関わりをますます大切にして、仲間との語りの場を広げ、平和な未来を目指す努力を怠るまいと強く思う。

ミンダナオへ行った新菜

ベトナム・カンボジアを旅したことで、これまで知らなかったことを再認識し、積極的に学ばなければという思いが強まったことは、私の進歩につながる。そして常に関連記事に素早く目が走る。例えばカンボジアの開発計画による強制立ち退きにより首都プノンペンで発砲事件による死傷者逮捕者もあるというニュース等、これまでなら素通りしていたに違いないが、直ぐに現地で話を交わした人々の表情が映る今は他人事ではなくなっている。

若い人たちが目的をもって旅することを薦めたい、そして語り合いたい。短い旅で知り合った青年たちの爽やかな表情も今回の私の旅の収穫であった。今後自らの経験に学ぶ場面がたくさん出てくるであろう。

私が国連大学で発表しているとき、新菜は再びフィリピンを訪れることになった。今度は大学の休暇を利用しての二週間、「ミンダナオ大学」の聴講生を志し入学許可願いを提出している。

新菜のメールに、私も背筋を伸ばす。

今回私がミンダナオ国際大学で学習したいと考えた理由は、英語を現地で学び実際に肌で感じたいと考えたからです。普段日本では、英語の学習をしていても実際に使う場面がないため、フィリピンでは実践的なおかつ積極的に英語でコミュニケーションをとりたいと考えています。英語は主に実用語を学ぶこと、そしてリスニングを鍛えることを目標にします。

また最近タガログ語に興味を持ち始めた私にとって、タガログ語が公用語であるフィリピンは、学習するに当たり、最も望める環境です。現地ではタガログ語も人々とのコミュニケーションを通して積極的に学ぶ姿勢で取り組みたいと考えています。

同世代のミンダナオ国際大学の生徒の方々との交流も今回の目的の内の一つです。実際に現地の学生との触れ合いを深めることにより、フィリピンの文化、習慣、言語を体感してそれを今後の自分にどう生かしていけるかを考えていきたいと思います。


たった二週間で随分欲張った計画かもしれないが、学業の合間「居酒屋」でアルバイトした収入が彼女の渡航資金である。私を含めて両親共々「居酒屋」のアルバイトには異議を唱えて反対したが、いったんこうと決めたら引きさがらないのが新菜。しかし若い人は何事も前向きにとらえられるようだ。

カンボジア旅行を共にした大木君は「夜のアルバイトなら学業に影響ないし、むしろいい社会勉強になるのでは」とメールで励ましてくれたものである。若い力は、古い考えを乗り越えて逞しい。

みんな自分の道にまっしぐら！

あとがき

一〇月一五日、カンボジアのシアヌーク前国王が亡くなった。国王を悼み、首都プノンペン王宮前で跪き、祈りを捧げる人々の写真が掲載された翌朝の新聞を広げ、今までより身近になったカンボジアに想いを馳せていたところに、電話がかかってきた。

「ね、今頃参議院で一票の格差なんて騒いでいるけれど、私たちが四〇年も前から問題にしていたことじゃない。今更なによ。最近ますます政治があてにならないから、一人一人がしっかりしなくちゃ。あなたも頑張ってよ！」

きびきびした口調で私を励ますのは、現在九二歳の一人暮らしの先輩である。

四〇年前の一票の格差とは、一九七二年、初めて東京七区から立候補した弟が「全国最高点落選」で問題になったことである。

当時東京七区は、有権者約一七三万七〇〇〇以上の日本一のマンモス区であった。一四万四〇〇〇余票の大量獲得にもかかわらず、次点に泣いた。ちなみに元総理大臣の小渕さんは、三万七〇〇〇票台で当選している。この議員定数の異常なアンバランスに、早速異議申し立てをしたのが、「理想選挙推進市民の会」の市川房枝会長であった。この時、東京高裁に選挙無効の訴えをした婦人グループの一員だった九二歳からの電話であったが、考えてみると、一九七〇年代は実に私の周辺でいろいろなことがあったものである。私自身はひたすら図書館活動に夢中であったが。今回孫と一緒の旅を通して、改めて伝えることの大切さを意識した。

私のライフワークである読書活動を通して、子どもたちに語りかけていこう。きっとオリガさんも見守ってくれている。一冊の本に向かい合っての語りを広めていこう。

九二歳の先輩に励まされて背筋を伸ばす八一歳は、まだまだ元気！

そう、若い人たちの行動力に期待しながら、九二歳にも負けてはいられない。

さあ、今日の小学校との出会いも「花クイズ」の自己紹介からスタートしようか。

「人の話をよーく、聞いてくれる花は？」

「わかった、菊の花！」

「ベランダに咲いている花は？」

「ラベンダー」

「トイレに咲いている花は？」

「水仙！」

ここまでは、ヒントを出せばほとんど正解。しかし最後の質問は、子どもたちにとってはなかなか難しい。

「では、洋服に咲いている花は　なんの花でしょう？」

Tシャツや、セーターが多い子どもたちにとって洋服という言葉もなじまぬ昨今である。

「降参かな？」と言いながら、胸を叩いて輪を作る。私の服にボタンが付いていれば、歓声が上がる。

「なーんだ　わかった。ボタン、牡丹の花だ」

「そうです。では最後の花クイズです」

最後と聞いて子どもたちは身を乗り出す。

「山の中に、いつでも咲いているお花は？」

「あら、わからない？　簡単じゃありませんか？　山の中でなくてもときどきみなさんの前に現れて、にっこり咲くのが嬉しい花！　ほら、みなさんのすぐそばに咲いているではありませんか」

もったいぶる私に　えー、なんだろうときょろきょろする子どもたち。私はいつも思わせぶりな表情で胸を張って答えるのだ。

「それはわたくし、山花です！」

教室に嬉しい笑いが起こる。


いつでも咲いている山の花は、これからも図書館員の血を騒がせて、若い人々に語り継いでいく言葉をたくさん蓄えていこう。

「平和」はベトナム語でハーピン。中国では日本と漢字が入れ替わって「和平」ホワンピン。

そう八一歳も、時々心でひっくり返ってアジアの子どもたちと手をつなごう。


アンコールワットを目指した孫との二人旅を自由に記すうち、日々いろいろな出来事が重なり、新しい課題も次々に生まれている。同時に、新しい出会いの中で学ぶ喜びも味わうことが出来るものだ。

この度「めこん」より、一冊の本にまとめていただくことになったのは、日本の農業・食糧問題をご専門に、国際有機農業の道を開拓される大野和興先生との出会いによるものである。これまで農業問題にはほとんどかかわりがなかったが、大野先生の活動に触れる中に、改めて大地に根差す平和へのキーワードを私なりに探り始めるようになった。折々の話から私の旅行記を読んだ先生が思いがけず「めこん」の桑原晨編集長を紹介してくださることになった。

児童書とは関係ない初めての出版社であったが、私は「めこん」という名前に親しみを覚えて、なんだか嬉しかった。改めて大野先生と桑原編集長に感謝して、心よりお礼を申し上げる。

追記

本書で取り上げた本のリストの中、絶版になっているものもありますが、いつでも図書館で借りることができます。

埋もれた本に光をあてることも読書の楽しみです。

みなさんの心にかなう本と人との出会いを、いつも期待しております。

山花郁子（やまはな・いくこ）

1931年東京に生まれる。実践女子大学文学部卒業。

東京都調布市図書館司書、公民館長、教育委員をつとめる。

平成15年度子どもの読書活動優秀実践者として文部科学大臣賞を受賞。

主な著書に『わかれ道おもいで道』（岩崎書店）、『12歳ぼくの行動計画』（小峰書店）、『おじいちゃんのめだまやき』（文研出版）、『おへそのまわりがあったかい』（草炎社）、『ブックトークのすすめ』（国土社）、『いちわのにわとり』（かど創房）、『だいすきなおばけちゃん——郁子さんの老々介護』（日本評論社）、『お年寄りと絵本でちょっといい時間——老人福祉施設での読みきかせガイド』（一声社）などがある。

アジア・子どもの本紀行

初版第1刷発行　2013年3月24日

定価1500円＋税

著者　山花郁子©

装丁　臼井新太郎

装画　竹永絵里

発行者　桑原晨

発行　株式会社めこん
〒113-0033　東京都文京区本郷3-7-1
電話03-3815-1688　FAX03-3815-1810
ホームページ　http://www.mekong-publishing.com

組版　字打屋仁兵衛

印刷　太平印刷社

製本　三水舎

ISBN978-4-8396-0266-6　C0026　¥1500E
0026-1302266-8347